JN086033

——多元的視点取得が組織にもたらすダイナミズム

共観創造

著 竹田陽子

東京 白桃書房 神田

プロローグ

▌「0（ゼロ）から1」の難しさはどこにあるのか

　企業が独創性のある製品，サービス，ビジネスの形を創造することは，今日の社会ではますます大切になっています。どの業界においても，既にあるものを上手に作り，発展させる企業は数多く存在していても，唯一無二の製品，サービス，ビジネスモデルを生む企業は少数であることから，「0から1」が簡単ではないことは明らかです。問題はなぜ難しいかです。

　われわれが「0から1」は難しいと考える時，有名な天才的な人物を思い浮かべて，とてもそのような発想は常人にはできないとイメージするのではないでしょうか。例えば，スティーブ・ジョブズがiPhoneを発売して世界を一変させたように。そして，日本にはなぜスティーブ・ジョブズが生まれないのかと議論したりします。

　その前提には，創造性は特別な才能に恵まれた一部の人のものだというイメージがあります。スティーブ・ジョブズも実際には1人でiPhoneを作ったわけではないですが，少なくとも1人の創造的な人物が強力に組織を導いて革新的な成果を上げた事例であり，その意味では特別な才能に恵まれたスティーブ・ジョブズがiPhoneを生み出したと言ってよいかもしれません。

　しかし，我が社にもスティーブ・ジョブズが欲しいという願いが叶えられる可能性は限りなくゼロに近いのです。各分野で優秀な人物は常にそこそこに存在します。しかし，何もないところから世界を一変させるようなアイディアを1人で発案できる人物は，どこかにいることにはいるかもしれませんが，世界的に稀少です。我が社にそのような人物がいる確率は絶望的に低いのです。我が社（あるいは我が国）に特別な才能を持った人々がなぜ現れないのかという問題設定にはそもそも無理があります。

　それに対して，特別な才能を持っていない人々が集団として創造的成果を上げる方法を探求しようという考え方があります。第4章で紹介するよう

な，チームで創造的成果を求める実践活動では，「早く行きたければ1人で行け，遠くまで行きたければみんなで行け」というアフリカのことわざがよく引用されます。特別な才能を持っていない人々が集団として創造的になる方が1人の天才を探すよりも現実的であるだけでなく，その結果として生み出されたもののインパクトは，個人の創造性に頼った場合よりも遙かに広がりが大きく，かつ持続的であると考えているのです。

いかにすれば，おおよそ特別な才能を持っていない人の集まりである企業は創造的になれるのでしょうか。創造性に関しては，個人のレベルからチームや部署などの小集団，企業全体のレベルまで様々な角度から研究がなされていますが，現在のところ決定版というべき解答が出ているわけではありません。ただ，創造的成果が求められる時，既存のモノやコトを発展させるのとは異なる考え方やプロセス，組織のあり方が必要とされるのは確かです。これが，企業の直面している「0から1」の難しさなのです。

本書は，企業が創造的な成果を生む様々な要因の1つとして，チームのレベルでの「多元的視点取得」に注目しています。

▎共感ではなく，共観 ―多元的視点取得―

多元的視点取得とは何かを説明する前に，本書のタイトルの話をします。共観創造というタイトルを，「共観」ではなく，「共感」と見間違えた方もいらっしゃるのではないでしょうか。チームで創造的成果を生み出そうとする実践では，ユーザーとの共感やメンバー間の共感が大事ということがしばしば言われるので，それは無理もないことです。第4章で紹介するスタンフォード大学のデザイン思考のプロセスでも，「共感」が冒頭に登場します。しかし，共感という言葉を聞くと，企業の方にとっては仕事の場で私的な感情を持ち出しているようで少し違和感があるかもしれません。違和感を覚える原因は，共感という日本語には，他人の感情に自分の感情を同調させるようなイメージが強いからではないかと思います。他の人が喜んでいるのを見ると自分も嬉しい，落ち込んでいるのを見ると自分も落ち込んでしまう，といった情動の共鳴現象です。

実は，共感には情動的共感と認知的共感の2つの側面があります（梅田他，

2014)。詳しくは第1章で述べますが，他者の感情につられてしまうのは情動的共感で，受け身で身体反応を伴う働きです。それに対して，認知的共感は，他者の心の状態を理解するという能動的で理知的な働きです。創造プロセスを効果的なものにしていこうとする時には，特に，認知的共感（その中でも，多元的視点取得）を意識すると良いのではないかというのが本書の主なメッセージです。

そこで，共感という言葉が情動的共感を思い起こさせるならば，認知的共感には共観という言葉を当ててみたらどうだろうということで，本書では，認知的共感のことを共観と呼んでいます。共観という言葉は，日常ではあまり使われていませんが，英語の synopsis の訳語です。synopsis の語源は古代ギリシア語で，共に／全体的に観るという意味です。転じて，現在では，概要，大意という意味で使われています。また，キリスト教では，マタイ，マルコ，ルカの3つの福音書は，共通した記述が多いことから，共観福音書と呼ばれています。本書のタイトルにある「共観」は，宗教的な意味はなく，また，概要という意味でもなく，原意に近い「共に観る」という意味で使っています。

さて，本書は，共観（認知的共感）の核心にある心の働きである視点取得に注目しています。視点取得とは，他者の視点から世界をイメージしたり，他者の立場で自分自身をイメージするプロセス（Galinsky et al., 2005）です。第1章でレビューするように，心理学や認知科学分野の研究では，主に実験室で，他者の視点取得が創造的成果を向上させることが検証されています。一方，企業等の現実の組織が創造的成果を求める時，視点取得がどのように関わるかについての本格的な実証研究は発展途上です。企業等おける実証研究が実験室における統制された研究と異なる点は，創造プロセスとその成果の評価に関わってくる多様なステークホルダーを考慮しなければならないことです。本書では，企業等組織の創造的成果には，視点取得の多様性が関係しているのではないかという問題意識に立っています。本書は，様々なステークホルダーの立場で世界をイメージする視点取得の多様性の程度を「多元的視点取得」とし，多元的視点取得を介して創造的成果を高めることを「共観創造」と呼んでいます。

▌本書の構成と読み方

　本書は，このプロローグの後，共観創造に関するこれまでの研究成果をまとめた第1-5章が続き，終章で物語り風全体のまとめがあり，さらに，個人と企業に何ができるかについての私の考えを書いたエピローグで終わります。実務家の方には，第1-5章は少し取っ付き難いかもしれません。その場合は，まず，このプロローグと第1-5章の章末まとめ，終章，エピローグを読んで，第1-5章の本文については興味のある部分をつまみ読みすることをお勧めします。

　第1-5章の構成は次のようになっています。

　第1章では，共観創造メカニズムの中心的な概念となる多元的視点取得（1.1）と創造的成果（1.2）について，その概念の成り立ちから見ていきます。本書が取り扱う創造的成果は，社会文化的な文脈との相互作用の中でチームで成し遂げる創造的成果です。

　第2章は，共観創造メカニズムを，事業・商品・サービスの企画プロジェクトに関する質問票調査に基づいて実証します。リサーチ・クエスチョンは，チームの多元的視点取得が創造的成果に結び付いているか，また，チームメンバーの多様性や，チームの接触する相手の多様性は，多元的視点取得および創造的成果にどのように関わっているのか，です。創造性には多様性が大事だ，とよく巷では言われていますが，先行研究では多様性があるほど成果が出るという単純な関係にないことがわかっています。この研究の結論は，チームの創造的成果を直接的に高めるのはチームの多元的視点取得であり，多様性は多元的視点取得を介して間接的に創造的成果に影響を与える，というものです。言い換えれば，多様性を高めても多元的視点取得の状態にならなければ創造的成果は上がらないのです。

　第3章は，共観創造メカニズムが，ビジネスの企画だけでなく，ハードウェア開発やソフトウェア開発にも働いているかどうかを見ます。3つのタスクを比較した結果は，共観創造メカニズム自体は大きく異ならなかったのですが，共観創造メカニズムの活用度，つまり，多元的視点取得と創造的成果，多様性のレベルが大きく異なりました。タスク間の共観創造メカニズムの活用度の違いの背景を実態調査の結果から考察します。

　第4章では，企業や非営利組織で広がっている，チームで創造的成果を求める実践の中に，多元的視点取得がどのように組み込まれているかを見ます。具体的には，デザイン思考とデジタル・ストーリーテリングを取り上げます。

　デザイン思考は，デザイナーの思考とプロセスを，必ずしもデザイナーではない人々がチームとして取り入れることによって，新しい製品やサービス，ビジネス・モデル等を生み出していく考え方です。デザイン会社のIDEO の協力でスタンフォード大学に 2004 年にデザイン・スクールが設立されたことで，世界中に知られるようになりました。デザイン思考のプロセスには，非直線性・反復性，拡散思考と収束思考の繰り返し，様々な感覚に訴える表現方法の重層利用（マルチモダリティ），チームメンバーの多様性という特徴がありますが，そのすべてが多元的視点取得と深く関わっています。工学系，芸術系の学生と企業勤務の社会人の混成チームによるデザイン思考プロジェクトの事例で，デザイン思考の特徴と多元的視点取得の関係を見ていきます。(4.1)

　デジタル・ストーリーテリングは，写真や絵を紙芝居のように見せながら，製作者自身の語りを入れて製作する，映像によるナラティブ表現（物語り）です。ナラティブ表現には，視聴者が物語りに入り込むこと，つまり，語り手や登場人物の視点を取得する働きがあります。ビジネス企画をデジタル・ストーリーテリング作品として製作した事例で，その効果が通常のビジネス・プランのプレゼンテーションとどのように違うのかを見ます。(4.2)

　第5章では，多元的視点取得を高める工夫として，マルチモダリティとナラティブ・モードに焦点を当てて，さらに詳しく見ます。

　マルチモダリティとは，様々な感覚の経路を通して伝えることです。言語だけでなく，絵や映像，実物模型など多様な表現方法を使ってマルチモダリティを高めることは，個人の内的思考過程，チームメンバー間のコミュニケーション，チーム外部とのコミュニケーションを助け，多元的視点取得を促します。また，言語も依然重要です。問題の所在を言語で定義するチームと，言語表現しないチームの比較研究によって，言語の役割を見ていきます。(5.1)

ナラティブ・モードは，ナラティブ表現を通じて，語り手や登場人物の視点を取得し，世界，他者，そして自己を解釈する思考形式です。チームにおける会話の分析で，自他の体験についての語りがアイディアの即興的発展にどのように関わっているかを見ます。また，ビジネス企画のデジタル・ストーリーテリングの製作プロセスで，製作者側に生じている多元的視点取得，および，そのビジネス・プランへの影響について，製作者の省察コメントから分析します。(5.2)

　各章は，次の論文・学会発表を元に，改稿・加筆したものです。

第 1 章

　書き下ろし

第 2 章

　竹田陽子. (2022a). 多元的視点取得が創造的成果に与える影響.『組織科学』*56*（1），60-72.

第 3 章

　竹田陽子.（2022b）. ビジネス，ハードウェア，ソフトウェアにおける創造プロセスの比較研究. *Transactions of the Academic for Organizational Science, 11*（1），137-142.

第 4 章

　竹田陽子. (2018). イノベーション創出のワークショップにおけるマルチモダリティと多様性の影響. *Transactions of the Academic for Organizational Science, 7*（2），440-446.

　竹田陽子. (2015). 事業企画のためのデジタルストーリーテリング.『2015年日本認知科学会第 32 回大会予稿集』79-88.

第 5 章

　竹田陽子. (2020). 創造的な行為における他者の視点. *Transactions of the Academic for Organizational Science, 9*（1），69-75.

　竹田陽子・妹尾大. (2018). デザイン思考の手法特性が発想プロセスに与える影響に関する一考察: アンカーとしての言語表現の役割,『経営情報学会誌』*27*（1），45-50.

竹田陽子・妹尾大.（2021）. 創造プロセスにおけるアイディアの即興的な
　　発展と体験想起.『研究・イノベーション学会第36回年次学術大会講
　　演要旨集』104-107.

Takeda, Y.（2019）. Taking perspective in digital storytelling on business
　　planning. In Ogata T. and Akimoto T.（Eds.）*Post-narratology
　　through computational and cognitive approaches*. IGI International,
　　352-374.

上記の研究は，科研費 18K01759, 17H02557, 25330398, 野村マネジメン
ト・スクール，セコム科学技術振興財団から助成を受けています。

▌この本ができるまで

　前に単著の研究書を出してから20年あまり経ってしまいました。前の単
著は博士論文で，その後しばらく博士論文研究の延長と，そこから発展した
テーマの研究をしていましたが，いろいろやってみても，どうもしっくり来
ませんでした。そこから，問題設定探しにうろうろして，企業の創造性の問
題に正面から取り組もうと決心するまで，10年かかりました。創造性の研
究は難しいことはわかっていて，経営学の分野では当時は参考になる研究蓄
積も乏しかったので躊躇があったのですが，そんなこと言っていて迷ったま
ま研究者としてのタイムリミットが来たらきっと後悔すると思ったのです。

　企業の創造性の問題に取り組もうと決めてからも，どうやったら解明でき
るか手探りで試行をつづけ，この本に至るまでさらに10年かかってしまい
ました。その過程は，デザイン思考のように非直線的で後戻りのある試行錯
誤の連続でした。

　企業の中で起こっている創造的な行為は，現場の中で陽炎のように現れ，
ほとんどは当事者の記憶に残らずに消えてしまうものです。結果として創造
的成果が残ることはありますが，それは一部にすぎません。たとえ創造的成
果が残って，そこに至る過程についてインタビューや調査票調査をしても，
当事者は肝心なところは忘れてしまっていたり，うまく答えられないことが
多いのです。

　そこで，創造的なプロセスを目の前で見たいと思い，企業の実務プロジェ

クトに参加するのは難しいので，自分でワークショップを開いて，そこで研究することにしました。最初は，起業を考えている社会人や学生を集めて，本書にも出てくるビジネス企画のデジタル・ストーリーテリングのワークショップを開きました。デジタル・ストーリーテリングの効果は思っていたより強力で，通常の企画書では平板に見えていたであろうビジネス・プランが，生き生きと動き出すのを見ることができました。また，実際に製品やサービスを形にするデザイン思考にも取り組んでみたいと思い，企業の方と細々と研究をしていたところ，東京工業大学でデザイン思考の本格的な教育プログラム，エンジニアリング・デザイン・プロジェクト（EDP）が出来ることになり，このプログラムの立ち上げ時に幸運にも指導陣として参加することが出来たのです。EDPは，修士1年頃に様々な専門の学生が履修できるコースで，東京工業大学の学生だけでなく，武蔵野美術大学や東京藝術大学（当時）から芸術系の学生，企業からビジネスマンも参加し，1年かけて新しいモノやコトを生み出して行きます。受講生は，思考の仕方からまったく異なるチームメンバーに出会って，苦労もありながら新鮮な驚きを感じているのが伝わってきました。多様性のポジティブな側面を見せていただきました。

　この10年ほどは，ワークショップ実践で仮説や視点を得て，経営学分野以外も含めて文献研究をし，少し実験的な枠組みにしたワークショップでデータを取り，企業に対する調査票調査をし，そこからまた発想を得てまた実践してみるということを繰り返して来ました。この本に載せ切れなかったワークショップ研究と調査票調査研究は他にもあります。このままだといつまで経っても拡散する一方なので，学術的には隙だらけで未熟なのはわかっているのですが，いったん収束させて，現時点でわかったことを世の中の人にも伝えた方が良いと思い至り，この本の刊行に至りました。

　問題設定してから試行錯誤している10年の間に，多くの方々の助けと励ましがありました。

　まず，この研究を始めてからずっと伴走してくださり，数々の共同研究でご一緒した東京工業大学の妹尾大先生なくしては，この本は出せませんでした。先端起業科学研究所の竹内裕明氏には，デジタル・ストーリーテリング

のワークショップをおそるおそる立ち上げる時に力を貸していただきました。

　東京工業大学のEDPコースの指導陣は，専門や経歴の異なるメンバーが集まった，1つの多様性チームでした。齊藤滋規先生，坂本啓先生，角征典先生，八木澤優記先生，倉林大輔先生，因幡和晃先生，照井亮先生，飯島淳一先生といった方々と毎週ディスカッションし，悩みながらコースを立ち上げていったことは，研究面でも糧になりました。

　何よりも，デジタル・ストーリーテリングやデザイン思考のワークショップに参加いただいた横浜国立大学，東京工業大学，東京都立大学（首都大学東京）の学生・社会人受講生，株式会社プラネットの皆様，その他名前を挙げられませんが，ワークショップに参加していただいた企業や公共機関，起業準備中の方々の力で私の研究は成り立っています。研究のためのデータを取らないワークショップもたくさんありましたが，どのワークショップでも，そこで体験したこと，感じたことは，私自身の多元的視点取得につながったと思います。深く感謝いたします。

　この本の原稿を読んでフィードバックをいただいた延岡健太郎先生，高尾義明先生，株式会社ソシオテック研究所　前田誠一郎氏・岩松万里子氏，株式会社サイバーエージェント　竹田光佑氏，白桃書房（2022年当時）平千枝子氏，第2章の元になった論文のシニアエディター山下勝先生，論文や学会発表に査読やコメントをいただいた先生方に感謝いたします。まさに，他者の視点を通して，自分の世界を見つめ直すことが出来ました。

　研究アシスタントの皆さんにも感謝申し上げます。特に，20年近く長きにわたって私の研究のロジスティクス諸事を担当している大谷美保氏には，研究支援だけでなく，困難に遭った時に友人として精神的サポートをしていただきました。

　研究者コミュニティと韓国果川市の伝統舞踊家鄭珠美先生のコミュニティとの多重成員性が私の発想と活力の源泉になっています。15年前，鄭珠美先生に出会って間もない頃，あなたは創造的ね，と言って下さったことが忘れられません。そんなこと人に言ってもらえるのは後にも先にも初めてで，私のクリエイティブ・コンフィデンスになっています。

その他，ここには書き切れていませんが，研究教育やプライベートで出会った多くの方々にご支援いただきました。ありがとうございます。

　最後に，いつでも味方であってくれた夫と息子に。ありがとう。

2023 年 4 月 6 日

竹田 陽子

目　次

第**1**章

共観創造の概念　― 多元的視点取得と創造的成果 ―

第**2**章

共観創造のメカニズム
― 多元的視点取得と多様性が創造的成果に与える影響 ―

エピローグ　129

共観創造の概念
― 多元的視点取得と創造的成果 ―

　企業が創造的成果を得るためには，多元的視点取得を介した共観創造メカニズムを働かせることが重要であるというのが本書の主張である。本章では，まず共観創造メカニズムに含まれる主要な概念，多元的視点取得と創造的成果を概念の成り立ちから見ていく。

1.1 ▶ 多元的視点取得

　多元的視点取得は，心理学や認知科学で使われる「視点取得（perspective-taking）」に，取得する視点が多様であるという「多元的」を付けた本書の造語である。視点取得とは，他者の視点から世界をイメージしたり，他者の立場で自分自身をイメージするプロセスである（Galinsky et al., 2005）。視点取得は，人間の社会的な行動を支える基礎となる重要な認知機能であり，生まれてすぐに発達が始まる。

▌心の理論
　もともと人間は他者に興味を持つようにプログラムされているようである。赤ちゃんは生後すぐに人の顔を選択的に注視する能力があり（Fantz, 1963），次第に親などを相手に表情やしぐさや発声を通じた原初的なコミュニケーションをするようになる。生後 9 ヶ月から 12 ヶ月になると，他者が見ているモノに注意を向け（共同注意），他者がモノに対してしている行動を模倣したり，他者にモノを指し示して注意を促したりするようになる（Carpenter, et al., 1998）。乳児の共同注意は，他者と同じ視点を持つこと，つまり，視点取得の始まりである。

だいたい４歳半頃になると，人間は心の理論を持つようになる。心の理論とは，他者がある行動をとった時，他者がどのように考え，どのように感じてそのような行動をとったのかについての理解である（Premack & Woodruff,1978）。他者の視点に立つ視点取得は，心の理論を構築する際に不可欠な認知的な機能である（Osterhaus et al., 2016）。

　幼児が心の理論を構築できるかを調べるテストとして，誤信念課題と呼ばれるテストがしばしば使われる。「サリーがボールを籠に入れて部屋を出て行った。サリーがいない間に，アンは，籠からボールを取り出し，箱に入れ替えた。アンが部屋から出て行った後，サリーが戻って来て，ボールで遊ぼうと考えている。この時，サリーは籠と箱のどちらを探すだろうか」といった課題である。この場合，ボールの移し替えを知らないサリーは，籠にボールが入っていると信じており（誤信念），籠を探すというのが正解である。しかし，サリーの立場に立った思考が出来ていないと，ボールは今箱に入っているのだから，サリーは箱を探すと答えることになる。この誤信念課題の正答率は，３歳から４歳半までに急激に上昇する（Wimmer & Perner,1983; Wellman et al.,2001）。

　心の理論は，４歳半を過ぎても発達を続け，複雑さを増していく。４歳半までに獲得されるのは，１次の心の理論と呼ばれる「Ａさんは『・・・』と思っている」という理解である。上記の誤信念課題の例では「サリーは『ボールは籠に入っている』と思っている」（実際にはボールは箱に入っているのだが）ということを理解すれば合格になる。その後6-9歳頃には，「Ａさんは『Ｂさんが［・・・］と思っている』と思っている」という２次の心の理論を理解するようになる。さらに，皮肉のような言外の意味の理解，気まずい状況の理解など，高度な心の理論に発展していく。

　なお，成人後も誤信念課題を間違うことはあり，個人の特性や持っている知識，状況によって心の理論をうまく使えない場合があることが指摘されている（Birch & Bloom, 2007; Lin et al., 2010）。大人になってもすべての人が安定して心の理論を扱えるわけではないのである。

　また，人間以外の比較的高等な動物，特に霊長類が他者の心的状態を認識していることを示唆する実験結果は数多くある。例えば，霊長類では食べ物

を仲間に分け与える行動は広く見られるが，オマキザルは直前に相手が食べ物を食べている様子を見ると，相手に分け与える行動を低下させる（Hattori et al., 2012）。また，チンパンジーは実験者がモノを取ろうとして困っている様子を見せると，手助けをする様子を見せる（Warneken et al., 2007）。これらの状況では，サルは他者が困っているという心的状態を自分事のように理解して，他者を許したり，実際に助けるという行動に出たりしていると解釈できる。しかし，霊長類など人間以外の比較的高等な動物は（動物用にアレンジした）誤信念課題をクリアしていない。少なくとも4歳半以降の人間は，他の種に比べて高度な心の理論を獲得しているようである。

　Tomaselloは，進化人類学と発達心理学の見地から，人間は，他者が自分と同じく意図や精神生活を持っていることを理解し，他者の心の中に自分を置いてその動きをたどることで，他者を通して学習できるようになったと見ている。人間は，他者の視点を取得して心の理論を持てるようになったからこそ，技術や言語，祭祀などの社会的，文化的な継承を大規模に行うことができるのである（Tomasello, 1999）。

▌2つの共感，もしくは，共感と共観

　共感の概念も，視点取得と密接な関係がある。共感には，認知的共感と情動的共感の2つの側面があり，視点取得は認知的共感を構成する心の働きである。共感の概念は，梅田他（2014）では次のように整理されている。

　　共感は，他者の感情状態を共有する精神機能であるが，この精神機能には，（1）他者の感情状態を理解する機能と，（2）その状態を共有する，あるいはその状態に同期する機能に分けられる。心理学などの分野においては，（1）は認知的共感，（2）は情動的共感に区別する捉え方が広がっている。(p. 4)

　認知的共感は，他者の心の状態を頭の中で推論し理解する理知的な側面で，情動的共感は，他者の心の状態に情動が揺さぶられる側面である。両者は同時に起こることは多いものの，脳神経ネットワークの基盤はかなり異なっていることが確かめられつつある。認知的共感には，他者の動作を見て模倣することを可能にするミラーニューロン・ネットワークや，他者の感情を理解するメンタライジング・ネットワークが関与し，情動的共感には，感

情を生じさせるための身体反応を引き起こすセイリエンス・ネットワークが関与している（梅田他, 2014）。

　ちなみに，共感に対応する英語表現には sympathy と empathy があり，両者を区別して使う場合，sympathy は，感情共鳴的，受動的な側面であり，empathy は感情移入的，能動的な側面を意味する（梅田他, 2014）。sympathy と empathy という言葉は，日常的には厳密に使い分けられているわけではないが，sympathy は情動的共感，empathy は認知的共感にほぼ対応する。

　Davis (1983) は，共感を，視点取得（perspective-taking），想像（fantasy），共感的関心（empathic concern），個人的苦痛（personal distress）の 4 次元で測定する対人反応性指標（Interpersonal Reactivity Index: IRI）を開発した。視点取得を測定する質問項目は「どのような問題にも 2 つの側面があると思うから，その両面ともに目を向けようと努力している」等，想像は「自分に起こるかもしれないことについて夢想したり空想にひたることがよくある」等，共感的関心は「自分より不幸な境遇にある人たちについて心配し，親切にしてあげたいと感じることがよくある」等，個人的苦痛は「極度に感情的な場面に遭遇することは恐ろしい」等，各次元 7 項目合計 28 項目を 5 件法で測定する。視点取得と想像は共感の認知的側面，共感的関心と個人的苦痛は共感の情動的側面を捉えており，前者は認知的共感，後者は情動的共感を構成する次元であると見ることができる。対人反応性指標は，個人レベルの共感の測定尺度として多くの研究で使用されている。

　認知的共感は，視点取得をして他者の視点で想像し，前項で述べた心の理論の構築につながっていく。一方，情動的共感は，他者の身になることで自分自身の感情が揺さぶられた結果，他者の感情とはまったく違う感情が喚起されることもあり得る。例えば，貧しい生活をしている子供を見て思わず涙するのは情動的共感であるが，その子供の視点でよく観察してみると，本人は親の愛を十分受けて生活しており，辛いと思っていないかもしれないのである。（ただし，だからと言って，手を差し伸べなくてよい，というわけではない。）

　本書のプロローグで，日常語の「共感」は情動的共感のイメージが強いので，認知的共感については区別して「共観」とでも呼んだらよいのではないかと述べた。苦しんでいる人を見るのが辛くて思わず目を背けてしまうように，情動的共感があまりに強いと，自分自身の感情的な反応に流されて，他者の視点に冷静に立つことができない可能性がある。反対に，認知的共感によって他者の視点に立ってよく理解しようとし，過度な感情的反応が抑えられれば，より正確な心の理論を構築することができると考えられる。

　企業における活動では，担当者が顧客や関係者に独りよがりな情動的共感を持ってしまうと，ビジネスとしての成果を出せない恐れがある。一方，顧客やビジネスに関わる様々なステークホルダーの視点に十分に立って共観を高め，妥当性の高い心の理論を構築することができれば，ビジネスとしての成果につながると考えられる。

▌視点取得と創造的成果

　共観の主要な認知機能である視点取得（perspective-taking）とは，他者の視点から世界をイメージしたり，他者の立場で自分自身をイメージするプロセスである（Galinsky et al., 2005）。他者が何を知り，どのように感じ，どのように行動するかについてのイメージを持つことは，他者とコミュニケーションや協働をする際に不可欠な心の働きである（Krauss & Fussell, 1991）。

　一方で，視点取得には認知的負荷がかかるので，すべての状況で視点取得をできるだけ活発な状態にすることが望ましいわけではない。例えば，集団として統制された行動が目的であるのならば，あらかじめ同質的な視点を持つように構成員を教育して，そもそもの視点取得の必要性を減らした方が認知的負荷がかからず効率が上がるかもしれない。しかし，創造的成果が求められる際には，異質な他者の視点取得は，その認知的負荷に関わらず，メリットが大きくなると考えられる。

　心理学や認知科学分野の研究では，他者の視点取得が創造的成果を向上させることが確かめられている。Okada & Simon（1997）では，科学実験の結果を解釈する課題において，ペア（2人組）では互いに仮説の根拠を説明

し，他者の視点を取得する行為が多く見られ，1人で取り組むよりも好成績
であった。林他（2007）では，図形の変化の規則性を発見する課題におい
て，図形の背景の色を変えることで図形の見え方（視点）のコントロールを
行い，ペアが同じ視点を持つ条件よりも異なる視点を持つ条件の方が規則性
の発見率が高いことを見出した。清河他（2007）は，ペアでパズルの課題に
取り組む条件において，2人の間を仕切りで隔て互いに話ができない環境に
して，一定の時間間隔でペアを組んだ相手が試行する様子を映像で観察でき
るようにし（他者観察条件），他者観察条件と同様の時間間隔で自分自身の
直前の試行を映像で見る条件（自己観察条件）と比較した。その結果，他者
観察条件は自己観察条件よりも，パズルの解決率が高く，解決までのスピー
ドが早かった。さらに，小寺他（2011）では，映像は他者の試行であると
偽って実は自分の直前の試行を見る条件を加えた。結果は，興味深いこと
に，偽の他者の試行を見る条件は，本当の他者の試行を見る条件とほぼ同じ
レベルで，自分の試行を見る条件よりも解決率が高かった。これらの研究か
ら，ペアが1人で取り組むよりも好成績なのは，単純に人数が多いために知
識が増えるだけではなく，自分とは異なる他者の視点を持つことができるか
らであることが示唆されている。

　視点取得が創造的成果を高める論理としては次のような理由が挙げられて
いる。まず，異質な他者の視点は，アクターが普段は当然と思っている前提
や思考方略の再検討を促す（Okada & Simon, 1997; 林他, 2007）。異質な視
点を持つ他者に自分の考えを伝えようとする状況では，自分の考えがどのよ
うにして導き出されたのかについて，自分の視点を他者に説明する行動が見
られる（Miyake, 1986; Okada & Simon, 1997）。他人に教えることは自分の
勉強になるとよく言われるのは，自分とは違う立場の他者の立場になって考
えることが自分の思考の前提や方略の問い直しを迫るからである。

　また，異なる視点の存在により，考慮する選択肢を広げることが比較的容
易になる。ある視点に立って仮説を立てた後，さらに他の対抗仮説を立てる
のは認知的負荷の高いタスクであるため，人はしばしば不十分な数の選択肢
しか考慮しない。一方，異なる立場の視点から見て同じ事象について率直に
仮説を立てると，元の仮説の対抗仮説になることがしばしばある。異なる視

点に立つことで対抗仮説の創出の認知的負荷が相対的に低くなり，最初のアイディアの検証や修正が進む効果が見られる（Miwa, 2004）。視点取得は選択肢拡大のコストを削減するのである。

　さらに，人間は自分に与えられた役割に合わせて思考の方略を無意識に変化させるため，ある立場になりきること自体に効果がある可能性がある。ペアで課題に取り組む実験室研究では，ペアの間でその課題を実行する役とモニターする役という役割分担がなされ，役割を交代することで理解を深める現象が観察されてきた（Miyake, 1986; Shirouzu et al., 2002; 清河他, 2007）。植田・丹生（1996）の企業の研究開発部門におけるインタビュー調査では，研究者はマネージャーから具体的な知識の供与だけでなく，ややメタな立場から考え方そのものや問題の捉え方について指摘される傾向があり，それが時に研究者の発想の変換を生んでいた。マネージャーが部下の研究者よりもメタな視点を持っているのは，マネージャーの経験や知識が豊富であるという側面も確かにあるだろうが，企業において部下よりも大きな範囲で責任を持ち，自分が動くのではなく部下を導くことを求められるマネージャーという役割がメタレベルの視点を取得することを促した側面があると考えられる。

　被験者のペアがパズルに取り組む実験，シミュレーションなど人工的な環境では，視点取得の創造的成果への効果についての研究は蓄積されつつある。一方，企業などの組織が実践の中で創造的成果を求める時，視点取得がどのように作用するのかについての実証研究はまだ発展途上にある。

　Boland & Tenkasi（1995）は，知識集約的企業では専門知識を持った複数のコミュニティが存在することが多いが，そのような組織がイノベーションを生み出すには，各専門コミュニティに強く複雑な視点が形成され（perspective-making），かつ，コミュニティ間で互いに視点取得（perspective-taking）することが必要であると主張した。コミュニティ内の視点形成とコミュニティ間の視点取得を達成する鍵は，経験を合理的に分析するだけでなく，物語りとして語ることであると指摘した。

　Parker & Axtell（2001）は，顧客企業によるサプライヤー企業の視点取得は，顧客とサプライヤーとの間の協調行動を促すことを実証し，企業間関

係における視点取得の効果を確認している。

Bechky（2003）は，エンジニア，技術員，組立工といった専門コミュニティ間のコミュニケーション不全は，言語，実践の場，製品概念の違いに起因し，互いの視点に立って背景を理解し，共通基盤をつくることで克服できるとしている。

Hoever et al.（2012）は，3人1組の被験者グループが架空の劇場の経営チームとなって行動計画を立案するタスクにおいて，役割分担（芸術，イベント，ファイナンスと役割分担した上で各分野の情報を担当者に別々に与える条件／全員に全ての役割と情報を与える条件）と，視点取得（できるだけ他のメンバーの立場で物事を見るように教示する条件／教示しない条件）の2×2条件について，創造的成果（アウトプットの新奇性と有用性）の第三者評価結果を比較した。その結果，メンバーが異なる役割を持ち，かつ，意識的に互いに視点を取得をしたチームは，役割分担なしに視点取得したチームや，役割分担していても視点取得しなかったチームよりも成果が高かった。

▌多元的視点取得

企業等の実践において視点取得の創造的成果への効果を実証研究する際に，実験室における統制された研究と大きく違ってくる点は，創造プロセスとその成果の評価に関わるステークホルダーの多様性である。心理学や認知科学における実験室研究では，新たに視点を取得する対象は実験計画によって割り当てられた特定の他者（例えばペアを組んだ相手）である。一方，Bechky（2003），Hoever et al.（2012）のように企業の実践やそれに近い状況をフィールドとする研究では，視点取得は，特定の個人の視点取得ではなく，専門や機能が異なる複数の立場の視点取得を取り扱っている。Bechky（2003）では，エンジニア，技術員，組立工，Hoever et al.（2012）では，芸術，イベント，ファイナンスである。

企業の実践やそれに近い状況での研究で，視点取得の対象が目の前にいる特定の個人ではなく，機能部門など立場の異なる複数の集団とされるのは自然である。企業が新しい製品・サービスを企画する際，何よりもまず，顧客

や潜在ユーザーのニーズを掴むためにその視点を取得する必要があるが，市場は通常様々なセグメントに分かれ，これから開拓する潜在市場を含めれば実に様々な立場の人々の視点を取得する必要がある。同時に，企業が製品・サービスを届ける過程には，開発，生産，販売等の社内の各部署，上層部，サプライヤー，流通業者，協力企業，競合企業，補完財提供企業，政府，資本市場などが関わり，バリューチェーンの中で重要な位置にあるステークホルダーの視点が欠けていればビジネスとして成立することすら難しい。さらに，企業の社会的責任や企業イメージへの影響を考えるためには，社会からどのように見えるかも重要である。つまり，事業を営む組織に求められるのは，特定の相手の視点に立つことではなく，多様なステークホルダーの多元的視点取得なのである。

　多元的な視点取得が企業のイノベーションを生み出す重要な要因であることは，経営学の様々な研究蓄積が示唆している。技術開発における外部情報の取り入れの重要性（Allen 1977; Tushman & Katz, 1980; Henderson & Cockburn, 1994; Chesbrough, 2003 など）には，大学等の公的研究機関，他企業，ベンチャーなど外部の立場の違う組織や専門家とのコミュニケーションが，社内にない知識を取り入れるという側面だけではなく，自社の中で閉じこもっていた研究者の視点を変えて新しい発想を生むという側面があると考えられる。製品開発における設計，生産，マーケティングなどの機能横断チームの有効性（Imai et al., 1985: Clark & Fujimoto, 1991; Womack et al., 1990; Brown & Eisenhardt, 1995 など）も同様に，各機能部門の知識やスキルが得られるだけでなく多元的な視点取得が有効に働いている可能性がある。Dougherty（1992）は，各部門は，環境変化の捉え方，製品開発プロセスにおいて重視すること，タスク自体の理解の仕方について異なる思考世界を持っており，知識の統合を阻害する要因になっていることを指摘している。同じ情報を前にしても，各部門の視点の違いにより，異なる解釈が生じるのである。成功する製品開発はこのような視点の違いの壁を乗り越えて，内的にも外的にも首尾一貫性のある統合が行われる（Clark & Fujimoto, 1991; Iansiti, 1995; Droge et al., 2004）。内的統合は，製品の内部の機能と構造の整合性であり，外的統合は，製品の機能，構造等がユーザーの目的や価

値観，使用パターン等に適合している程度である（Clark & Fujimoto, 1991）。内的統合では製品開発に関わる社内各部門やサプライヤーの多元的な視点取得が，外的統合ではユーザーの多元的視点取得が行われると見ることができる。

　イノベーション研究では，革新性だけでなく，開発の効率性やスピード，製造品質もパフォーマンスとして評価されるため，視点取得の多様性が単調にパフォーマンスを向上させるとは想定できない。あまり多くの視点を取得すると，統合にコストと時間がかかり，パフォーマンスがかえって低下するおそれがある。外部から情報を収集し組織内に広めるゲートキーパー（Allen 1977; Tushman & Katz, 1980）や，強いリーダーシップで内的，外的な製品統合をすすめる重量級プロダクト・マネージャー（Clark & Fujimoto, 1991）が有効なのは，取り入れた視点をいったんキーパーソン個人の認識のフィルターにかけて整理することで，開発チーム内の視点取得の多様性をある程度抑えるという側面があると考えられる。しかし，今までにない新しい発想の製品，サービス，ビジネスモデルの企画など，特に創造的成果が求められる場合には，視点取得の多様性がポジティブに働く側面が強くあらわれ，視点の多様性において視点取得のメリットがデメリットを上回る幅（ゾーン）が大きいのではないかと予想される[1]。

　本書は，企業等の組織が創造的成果を求める時，単に視点取得するだけでなく，視点取得の多様性の程度が効いてくるのではないかという点に着眼している。この点を強調するために，多元的視点取得という概念を導入する。多元的視点取得の定義は，**様々なステークホルダーの立場で世界をイメージする視点取得の多様性の程度**とする。また，本書では，多元的視点取得を介して創造的成果を高めることを共観創造と呼ぶ。

1.2 ▶ 創造的成果

　共観創造メカニズム（多元的視点取得が企業の創造的成果に与える影響）を見る前にそもそも，創造的成果，つまり創造性のある成果とは何だろうかという問題について考えたい。創造性は，1950年にアメリカ心理学会のギ

ルフォード会長が創造性に関するテーマをもっと扱うべきであることを訴えて以来，心理学では常に関心が集まってきたテーマである。しかし，創造性の捉え方は時代によって変遷し，学際的に広がりつつある。

▌個人の創造性から集団の創造性へ

　心理学で本格的に創造性に関する研究が始まった 1950 年代当初の関心は，創造的成果を生む人はどのような個人特性を持っているのかに集まっていた。その背景には，アインシュタイン，モーツァルト，ドストエフスキー，チェスのワールドチャンピオンなど，尋常ならざる成果を出す人々は，天から与えられた特別な才能を持っているという暗黙の仮定がある。創造的成果を生み出す才能の正体を見極めて，その才能を持った人々を科学的に発見する手段を得たいという研究動機があったのだと考えられる。

　まず，知能と創造的成果の関係が数多く研究された。創造的な芸術家，科学者，数学者，作家等を対象にした研究では，彼らの知能テストの点数が総じて高いことが指摘されている。しかし，一般的な人を対象にした研究では知能と創造的な成果との間はほとんど無相関か，弱い正の値を示しているだけである。少なくとも知能と創造性は直線的な関係ではないようである（Barron & Harrington, 1981）。

　また，1970 年代以降は創造的な人々のパーソナリティ特性についての実証研究が盛んに行われるようになった。今日でもよく使われるパーソナリティの測定尺度である主要 5 因子モデル（Costa & McCrae, 1988）について見れば，経験への開放性，誠実性，外向性，協調性，神経症的傾向の 5 因子の中で一貫して創造的成果と相関しているのは，経験への開放性である（McCrae, 1987; King et al., 1996）。経験への開放性は，想像力，美的感覚，感情の自覚と表現，挑戦的な行動，好奇心，型にはまらない自由さなどの概念で構成される。

　1970 年代から 1980 年代には認知心理学の発展により，人間の心的過程としての創造プロセスに関心が集まった。創造プロセスは，問題の発見，情報の収集，アイディア出し，アイディアの選択，評価といった，いくつかの段階（創造プロセス段階）で捉えられ（レビューとして Sawyer, 2012），それ

ぞれの段階の促進要因や阻害要因について、さらに踏み込んだ研究がなされた。例えば、創造的アイディアは白紙の状態から突如生じるのではなく、しばしば既存概念の新しい結びつきによって生まれること（Mumford, & Gustafson, 1988）、一見飛躍的な結びつきにはメタファーやアナロジーがしばしば重要な役割を果たすこと（Gick & Holyoak, 1980）、行き詰まった時はいったん問題から注意を逸らし意識下で情報処理することで創造的なアイディアが生まれるという孵化効果（Patrick, 1986）、特定の見方に囚われてしまい新しい組み合わせを想起しにくくなる固着の問題（Jansson & Smith, 1991; Smith et al., 1993）などである。しかし、これらは基本的には個人の心的過程の研究であり、集団ならではの創造に踏み込んだものではない。個人としての創造性の研究は現在でも続けられているが、Sawyer（2012）は、個人特性や個人の心的過程に帰する創造性を個人主義者の創造性と呼んでいる。

　1990年代になって、創造性を、社会的、文化的、組織的な関係性の中で捉える見方が現れた。社会文化的なコンテクストに位置付ける創造性の定義を、Sawyer（2012）は、社会文化主義者の創造性と呼んでいる。その嚆矢は、フロー体験で有名なCsikszentmihalyiによる、科学や芸術、ビジネス、政治等の分野で卓越した業績を生み出した91人に対するインタビュー調査である。Csikszentmihalyiは、天才と呼ばれるような人々へのインタビューを通して、創造性は人々の頭の中で生まれるものではなく、個人の思考と社会文化的な文脈の相互作用の中で生じることを見出した。例えば、著名な物理学者のフリーマン・ダイソンは、インタビューの中で、科学はとても社交的な仕事であると述べている。常に新しいことが起きているので、それに遅れないように他の人々と絶えず話していなければならないからである。著作執筆中は孤独に籠もる時期もあるが、著作を発表した後は多くの人々から反響があり、自分の視野を大きく広げてくれるのは、孤独な作業そのものではなく、そのような交友の輪であるという（Csikszentmihalyi, 1996）。

　Csikszentmihalyiは、創造性を3つの要素から構成されたシステムの相互関係として捉える、創造性のシステム・モデルを提唱した。第1の要素は、記号体系の諸規則や手続きのまとまりからなるドメインである。第2の要素

は，ドメインの門番としての役割を担うすべての人々が含まれるフィールドである。第 3 の要素は，個々の人である（Csikszentmihalyi, 1988;1996）。物理学者（個人）が新しい理論を打ち立てる例でいえば，どのような画期的な理論も既存理論とまったくつながりがないということはあり得ず，過去から蓄積された領域の知識体系（ドメイン）の上に築かれたものである。また，本人が新しい理論と言い張るだけでは不十分で，物理学の研究コミュニティから評価され，最終的には研究コミュニティを包含する社会（フィールド）から受け入れられなければ後世に残る業績になることはない。創造的な営みは，まず，ルールや実践がドメインから個人に伝達され，次に，個人は新しいバリエーションをドメインに返し，最後に，フィールドが新しいバリエーションをドメインに組み込むかを選択するのである。

　社会文化的に創造的であると言うには，成果物や方法に何らかの新しさがなければならないのは当然であるが，その課題の置かれた社会文化的コンテクスト（すなわち Csikszentmihalyi のドメインとフィールド）において受け入れられることも同時に必要になる。組織における創造性の先導的研究者である Amabile は，ある製品や反応は，（a）課題に対して新奇（novel）であり，同時に，適切（appropriate），有用（useful），正しい（correct），または価値がある（valuable）反応をし，（b）課題がアルゴリズミック（定義された方法で解く）というよりもヒューリスティック（試行錯誤によって解き方を発見していく）である時，創造的であると判断される，と創造性を定義した（Amabile, 1996）。（b）は，あらかじめ定義された問題を定められた選択肢の中で解くのか，そもそもの問題や選択肢は何かを問うのか，という課題の性質についての定義である。（a）は，課題に取り組んだ成果の性質に関する定義であり，創造性の概念は，新奇性 and（適切 or 有用 or 正しさ or 価値）で構成される。新奇性は独創性と呼ばれることがあり，後の括弧内はまとめて適切性あるいは有用性と呼ばれることがある（本書ではまとめて適切性と呼ぶ）。創造性を新奇性（独創性）と適切性（有用性）の二面で捉えることは，今日では社会文化的定義の創造性研究のスタンダードになっている（Runco & Jaeger, 2012）。

　創造性概念の個人主義的定義から社会文化主義的定義への変遷は，科学技

術の高度化，社会の複雑化等によって，各分野で創造的行為が集団として組織的に行われるようになってきたことが背景にある[2]。絵画や文学など基本的には個人でアウトプットを制作する分野であっても，社会文化的なコンテクストと無関係ではないが，創造する主体が企業などの集団である場合は，社会文化的なコンテクストとの関わりが一層深くなるからである。企業がある製品やサービスを新しく生み出す場合を考えれば，社内の各機能部門の担当者，上層部，サプライヤー，社外の各種専門家・専門業者，流通，資本市場，そして何よりユーザーや顧客にとっての適切性が必要になる。企業が斬新な製品を考案したとして，消費者に受け入れられなかったり，採算に合わなかったりすれば，市場や企業にとっての適切性はなく，創造的な案と呼ぶには十分ではないのである。さらに，業界他社，政府や公共機関，学会，市民団体，地域，国家，国際レベルの社会なども，濃淡はあるものの何らかの関わりがあるのが通常である。その製品やサービスが売れ続けていくためには，各種のステークホルダーにとって十分なだけの適切性を満たす必要がある。

▌本書における創造的成果

　本書は，創造性を個人レベルの特性や内的過程ではなく，社会文化的なコンテクストとの相互作用（Csikszentmihalyi,1996）と捉え，創造性の社会文化的定義（Amabile, 1996）を採用する。本書では，創造的成果とは，主に企業活動のコンテキストにおいて，**新奇性があり，かつ，ステークホルダーにとって十分な適切性があると評価されている成果**である。成果には企業が市場に供給する製品，サービスの他，ビジネスの方法や技術も含まれる。

　創造的成果の定義の中に「十分な」という表現が含まれているのは，必ずしもすべてのステークホルダーに適切性を満点評価される必要はないからである。前述のように，企業をとりまくステークホルダーの広がりは大きく，その関わり方は多様で，関わりの強さにも濃淡がある。各ステークホルダーの適切性は，異なる方向に向いているのが通常であるし，すべてのステークホルダーにとって100％適切なビジネスの成果は存在しない。一般的には，事業として成り立っており，かつ，違法であったり，社会の倫理から外れて

いなければ，最低限の適切性があると言えるであろう。

　企業において，創造的成果を生み出す活動を行う主体は何であろうか。前述のように，企業の新しい製品，サービス，技術，ビジネスの方法が，たった 1 人の個人によって生み出される例はほとんどないであろう。その一方で，ある程度の規模の企業は，社内で分業がなされるので，全社員が創造プロセスに直接関わることは少ない。企業における創造的なプロセスの解明には，個人と組織全体の中間にある集団レベルで捉えることが欠かせない。

　組織内の集団の中でも，グループとチームは異なるものとして論じられている。グループは，特定の目的を達成するために集まった，互いに影響を与え合い依存し合う複数の人々，と定義される（Robbins & Judge, 2017）。例えば，経理の通常業務を遂行するだけの部署はグループである。一方，チームは，協調を通じて個人の成果の総和を超えたプラスの相乗効果を得ようとする集団である（Robbins & Judge, 2017）。この定義に従うと，創造的成果を目的として活動する集団はチームと呼ぶのが適当である。

　企業で創造的成果を追求する各種チームの構成員は，数人から大規模な技術開発などの場合は数百人にのぼることもあり得るが，少なくとも大部分は職業に見合った教育や訓練を受けてはいるものの，専門分野や業界の中で特異な創造性を持っているわけではない人々であると考えられる。本書の研究対象は，特別な才能を持っていない人々がチームとして，個人の成果の総和を超えた相乗効果を起こすことによって得られる創造的成果にある。

▌第 1 章のまとめ

　心理学や認知科学分野の研究では，他者の視点に立って世界をイメージする，**視点取得**が創造的成果を向上させることが確認されている。視点取得が創造的成果を高める要因としては，他者の視点によって，前提や思考方略の再検討，選択肢の拡大，役割に合わせた無意識の思考方略の変化を促進することが挙げられている。

　視点取得は，他者の行動を見て，他者が何を考えてその行動に至ったかという，人間が幼少期から育んでいく**心の理論**の構築に欠かせない認知機能である。また，視点取得は，**共感**の認知的な側面でもある。共感という言葉か

らは，他者の心の状態に自分の情動が揺さぶられる**情動的共感**を想起しやすいが，視点取得を主な機能とする**認知的共感**は，情動的共感と区別するために，**共観**とでも呼ぶべきものである。共観と情動的共感は，同時に喚起されることは多いが，情動的共感が強すぎることによって共観の適切性が失われないように，創造メカニズムを考える時においては両者を区別することが有益である。

　企業等の組織が創造的成果を上げるには，特定の他者の視点に立つことではなく，多様なステークホルダーの多元的な視点取得が求められると考えられる。本書では，様々なステークホルダーの立場で世界をイメージする視点取得の多様性の程度を**多元的視点取得**と定義する。また，多元的視点取得を介して創造的成果を高めることを共観創造と呼ぶ。

　また，本書では，**創造的成果**を，主に企業活動のコンテキストにおいて，**新奇性**があり，かつ，ステークホルダーにとって十分な**適切性**があると評価されている成果と定義する。創造性研究は，当初，創造的成果を上げる個人の知能やパーソナリティなどの特性や，個人の内的過程としての創造プロセスを対象にしていたが，1990年代に創造性を社会文化的なコンテキストとの相互作用の中で捉える見方が現れた。この創造性の社会文化的定義（Amabile, 1996）の流れを汲み，本書では創造性を新奇性と適切性の二面で捉えている。

● **第1章注釈**

1) また，多元的視点取得は，個人でアイディアを創出する場合に比べて，集団でブレイン・ストーミングした場合の生産性の低さの問題（Diehl & Stroebe, 1987; Mullen et al., 1991）を緩和する可能性がある。個人に比べて集団でのアイディア創出の生産性が低くなる主要な要因として，他者と関わることにより個人の思考が深まらないブロッキング，集団の中で貢献しないメンバーが現れるフリーライダー問題，集団内で自分自身が評価されることを恐れて自由なアイディア創出ができない評価懸念などが挙げられているが，多元的視点取得が効果を発揮すると考えられるのは評価懸念の抑制である。評価懸念とは，他のメンバーや上司などの身近な人の自分自身に向けての視点に強く影響されていることを意味する。集団内の身近な関係性を超えて，多様なステークホルダーの視点になる多元的視点取得は，評価基準と評価対象を多元化し，集団の創造プロセスの生産性向上につながる可能性がある。特定の視点に囚われていることこそが，集団創造プロセスの生産性低下の大きな原因になっていると考えられるのである。

2) Wuchty et al. (2007) は，50年間にわたって，科学技術，社会科学，芸術，人文学分野の2000本近くの学術論文と200万あまりの特許の著者の数を調べた。科学技術，社会科学，特許の著者チームの人数は，45年の間に徐々に増加し，平均1.9人から3.5人にほぼ倍増している。また，複

数著者の論文は引用率が高い傾向があり，全体として質が高い可能性がある。著者チームの人数が増加しているのは，各分野で専門性や社会の複雑性が高まり，1 人の天才がすべてを把握して適切性のある解を出すことが難しくなっているからであると考えられる。

第2章

共観創造のメカニズム
── 多元的視点取得と多様性が創造的成果に与える影響 ──

　第1章で見たとおり，実験，シミュレーションなど人工的な環境では，視点取得が創造的成果を向上させるという知見が蓄積されつつある一方で，企業などの組織が創造的成果を求める時，視点取得がどのように働くのかについてはまだ十分に解明されていない。企業等における創造的実践を対象に実証研究を行う際に，視点取得の対象が目の前にいる他者に特定されている実験室研究と大きく違ってくる点は，創造プロセスとその成果の評価に関わるステークホルダーの多様さである。様々なステークホルダーの立場で世界をイメージする視点取得の多様性の程度，つまり，多元的視点取得が企業の創造的成果を高めるのではないかというのが本書の着眼点である。また，多元的な視点取得が創造的成果に有効であるならば，チームメンバーの年齢，性別，職種などが多様であればあるほど，チーム内や，メンバーがそれぞれ持っている外部の人的ネットワークから多元的な視点が得られ，創造的な成果が向上すると考えられる。チームメンバーの多様性やチームの接触相手の多様性は，多元的視点取得と創造的成果にどのように関わるだろうか。本章では，新規事業開発，事業・商品・サービスの企画に関する実際のプロジェクトに3人以上のチームで取り組んだ経験のある企業勤務者（n=400）に質問票調査を実施し，チームの多元的視点取得と多様性が創造的成果に与える影響について検証する。

2.1 ▶ 仮説 – 多元的視点取得，創造的成果，チームと接触相手の多様性

仮説の導出に先立って，図 2.1 に仮説と分析モデルの概要を示す。

┃チームレベルの多元的視点取得と創造的成果

本書の関心は個人レベルではなくチームレベルの多元的視点取得である。チームの多元的視点取得は，チームの中で間主観的に多様性のある視点が取得されている状態である[1]。先行研究では，企業等組織における実証研究であっても，個人レベルの視点取得を測定する Davis（1983）の対人反応性指標の視点取得項目（本書ではチームレベルの視点取得と区別するために個人的視点取得特性と呼ぶ）が使われる例が見られる（Grant & Berry, 2011; Hawlina et al., 2017）。しかし，チームメンバーの個人的視点取得特性の総和は，チームレベルの間主観的な視点取得の状態と相関があることは想定できるものの，両者は異なる概念である。Calvard（2010）は，MBA のチームプロジェクトにおいて，個人的視点取得特性とチームの視点取得状態の両方を測定し，個人的視点取得特性とチームの視点取得の状態は，因子分析で

■図 2.1：仮説と分析モデルの関係

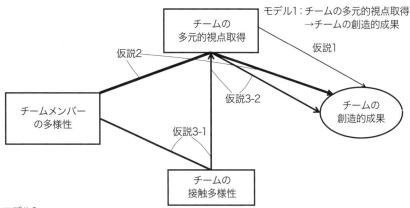

モデル2：
チームメンバーの多様性→ チームの多元的視点取得→チームの創造的成果

モデル3：
チームメンバーの多様性→ チームの接触多様性→ チームの多元的視点取得→チームの創造的成果

別の因子として抽出されることを確認した。また，複数時点で比較すると，チームレベルの視点取得は，個人的視点取得特性に比べて比較的短期間で変化しやすいことを見出した。

　第 1 章で触れたとおり，視点取得が創造的成果を高める論理として，前提や思考方略の再検討の促進，選択肢拡大のコスト削減，ある役割になりきることによる思考方略の変化が挙げられているが，これらの効果は，チームの多元的視点取得が高い場合には，個人レベルの思考で留まっている場合よりも一層活発化すると考えられる。なぜなら，チームメンバーでそれぞれのアイディアを出してそれについて話し合ったり，時には役割分担をすることで，1 人で取り組むよりも，前提や思考方略の再検討，選択肢の拡大，役割による思考方略の変化が促進されると考えられるからである。したがって，チームの多元的視点取得は，チームの創造的成果と直接的に正の効果があると考えられる。

> **仮説 1**：チームの多元的視点取得は，チームの創造的成果に正の直接効果
> 　　　　がある。

多様性と組織成果

　多元的な視点取得が創造的な成果に有効であるならば，チームメンバーの年齢，性別，人種，経験年数，職種などが多様であればあるほど，メンバーのそれぞれの立場から多元的な視点が得られ，創造的成果が向上するのではないかと考えられる。ビジネス書や実務家向けの規範的な論文でも，企業が創造的な成果を上げるためには，組織構成員，特にチームのレベルでのメンバーの多様性が重要であることが数多く言及されている（例えば，Cox & Blake, 1991; Luecke, 2003）。

　しかしながら，組織の構成員の多様性が組織の成果に与える影響に関する多数の実証研究をレビューすると，多様性の組織成果に与える直接効果は大きいものではなく，有意であっても正と負の両方の結果があることが知られている（Williams & O'Reilly, 1998; Horwitz & Horwitz, 2007; Joshi & Roh, 2009）。組織構成員の多様性が組織成果に与える影響についての実証結果が

安定しない原因は，多様性から組織の成果にポジティブに働く側面とネガティブに働く側面が同時に存在することにある。

　多様性が組織の成果にポジティブな影響を与える側面としては，構成員が多様であるほど多種の情報を獲得できる（Williams & O'Reilly, 1998; Horwitz & Horwitz, 2007）ことがある。同質的なチームは，他のメンバーの知識や人脈を自分自身も持っている可能性が高くなるが，他のメンバーが自分と異なる属性を持つほど，自分が持っていない情報をもたらす可能性が増える。また，多様な情報だけでなく，他のメンバーの持つ多様なスキルを獲得してタスクに貢献するという期待を生む（Joshi & Knight, 2015）。

　一方，多様性が組織の成果にネガティブに働く側面としては，社会的アイデンティティ（Tajfel, 1978; Ashforth & Mael, 1989; Abrams & Hogg, 1999）や社会的類似性（Pfeffer, 1985; Tsui & O'Reilly, 1989）に着目した社会的親和性に関する理論がある。人は，所属する社会的集団に位置付けるように自分のアイデンティティを定義するので，自尊心を維持するために所属する集団を高く評価し，外部の集団を低く評価するバイアスが生じ，異なるアイデンティティを持った者同士の間でコンフリクトが発生する（Tajfel, 1978; Ashforth & Mael, 1989; Abrams & Hogg, 1999）。また，社会的に類似性のある者同士は，コミュニケーションの機会が多く，価値観や視点の類似性が高まり，相互に好意を抱きやすくなる（McCain et al., 1983; Pfeffer, 1985; Tsui & O'Reilly, 1989）。仕事で新たに組むことになった，それまでは互いによく知らなかった者同士であっても，性別，年齢といったデモグラフィック特性はしばしば社会的親和性のシグナルとなる（Messick & Mackie, 1989; Pfeffer, 1985）。

　Joshi & Roh（2009）は，1992 年から 2009 年にかけてのチームメンバーの多様性に関する 39 の研究から 8757 チームのデータをメタ分析し，職能，教育歴，在職期間といった機能的多様性は，性別，人種，年齢などのデモグラフィックスの多様性よりもチームの成果を向上させる効果が大きいことを見いだした。機能の多様性は情報やスキルの獲得をもたらしてタスクに貢献すると認識されるのに対し，デモグラフィックスの多様性はメンバー間の社会的親和性の低さを示すシグナルとしての働きが強く，タスク貢献に対する

期待の効果は相対的に抑制されるからである（Joshi & Knight, 2015）。機能的多様性がデモグラフィックスの多様性よりも成果を向上させる傾向があるのは，前者が情報やスキルの獲得をもたらしやすく，後者はメンバー間の社会的アイデンティティの違いや社会的類似性の低さを際立たせることが多いからである。

　情報とスキルの獲得という多様性が組織の成果にプラスに働く側面と，社会的親和性の低さというマイナスに働く側面は，多かれ少なかれ同時に発動していると考えられる。多様性のタイプの違いだけでなく，組織のおかれたコンテクストや成果に至るプロセスが調整変数や媒介変数として介在することによって，どちらの側面が優勢に働くかが決まってくると考えられる（Kochan et al., 2003; Joshi & Knight, 2015）。

▋チームメンバーの多様性と多元的視点取得，創造的成果

　複数の視点に立つ多元的視点取得は，従来は情報獲得に含めて論じられてきた（Williams & O'Reilly, 1998）。しかし，同じ情報が与えられても視点が異なればまったく解釈が異なる可能性がある。Dougherty（1992）は，製品開発において，各機能部門は環境やタスクに対する理解の仕方が異なるために知識統合が阻害されることを指摘している。特に創造的な成果を求める状況では，課題や選択肢を様々な視点から捉え直すことが重要であるため，視点取得を情報獲得とは区別して論じることが有益であると考えられる。

　多元的視点取得，つまり，様々なステークホルダーの立場に立つには，均質的なチームよりも多様性のあるチームの方が有利である。多様性のあるチームでは，メンバーそれぞれの職能や経験，社会的属性から自らの視点をチームに提供できるからである。

　加えて，多元的視点取得は，社会的アイデンティティの違いや社会的類似性の低さによる多様性のネガティブな影響を緩和する可能性がある。多元的な視点取得は，自分とは異質な他者であっても，その人の視点になることで，自分自身と何かしらの共通性があると感じることを促すからである（Galinsky et al., 2005）。

　チームメンバーの多様性は，チームの多元的視点取得を促す先行要因の1

つであり，チームのメンバーの多様性の創造的成果に対するポジティブな効果には，多元的視点取得が介在しているのではないかと考えられる。つまり，多様性と多元的視点取得と創造的成果の3つの変数のモデルで考えれば，多元的視点取得は，多様性と創造的成果の間の媒介変数として位置付けることができる[2]。

組織の多様性が組織成果に与える影響に関する先行研究の分析レベルは，組織内の少人数集団から組織全体，業界内のネットワークに至るまで様々である。本章は，新しい事業，製品，サービスの企画における創造的成果を研究対象とするため，その実態に即して，特定のプロジェクトに対するチームレベルの多様性，多元的視点取得，創造的成果の関係を取り扱う。

チームの創造的成果に直接影響するのは，チームの認知的状態としての多元的視点取得である。チームメンバーの多様性はチームの多元的視点取得を通して創造的成果と間接的な正の効果があると考えられる。

仮説2：チームメンバーの多様性は，チームの多元的視点取得を介して，
　　　　　チームの創造的成果と正の間接効果がある。

▎チームメンバーの接触相手の多様性

Williams & O'Reilly（1998）のレビュー論文では，チームメンバーの多様性が情報の増加をもたらす主な要因として，チーム外の情報ネットワークへのアクセスが挙げられている。企業がイノベーションを生み出すには，社外の専門家やサプライヤー，ユーザー，社内他部門の視点や知識を取り入れることが欠かせない（Allen 1977; Tushman & Katz, 1980; von Hippel, 1986; Clark & Fujimoto, 1991; Henderson & Cockburn, 1994; Brown & Eisenhardt, 1995; Droge et al., 2004）。チームメンバーの多様性は，チームのコンタクト先の多様性を高めることを容易にする。例えば，職種の多様性が高いチームは，メンバーそれぞれが自分の職能に関連した社内外の人脈をすでに持っており，人づての紹介も得られやすい。また，チームメンバーの多様性は，様々なタイプの人から得られる情報を理解する能力をチーム全体として高め，外部の接触相手からの情報の解釈を有利にする可能性がある。

例えば，子供向けの製品開発で，子育て経験があるチームメンバーの存在
は，子育て中の親に対するインタビューの結果の解釈を深めるかもしれな
い。従って，次の仮説が導出される。

> **仮説 3-1**：チームメンバーの多様性は，チームメンバーが接触する相手の
> 多様性を介して，チームの多元的視点取得に正の間接効果があ
> る。

　チーム外の多様な接触相手とのコミュニケーションは，チーム内の多様な
メンバー間のコミュニケーションと同じく，チームの多元的視点取得を喚起
することを通じて，創造的成果に間接効果があると考えられる。先行研究に
よると，その効果はチーム内の多様性よりも強い可能性がある。Hülsheger
et al.（2009）は，チームレベルの創造性と革新性の先行要因に関して，過
去30年の104実証研究から15の変数を抽出しメタ分析した。その中で，
チームのデモグラフィックスおよび機能の多様性は有意な効果が見られな
かった一方で，外部コミュニケーションは有意な効果が見られた。従って，
次の仮説が導出される。

> **仮説 3-2**：チームメンバーが接触する相手の多様性は，チームの多元的視
> 点取得を介して，チームの創造的成果に正の間接効果がある。

2.2 ▶ 研究の方法

研究対象

　企業が創造的成果が求められる場合には，多元的視点取得の多様性がポジ
ティブに働く側面が強くあらわれることが予想されるため，新規事業開発，
事業・商品・サービス企画（ビジネス企画）のプロジェクトを研究対象とし
た。2020年1月に，調査会社の保有する企業勤務者パネルから[3]，「新規事
業開発，事業企画，商品企画，サービス企画のプロジェクトに3人以上の
チームで取り組んだ経験者」にWeb上で質問票調査を実施し，統計的に十
分分析できると考えられる400票を回収した時点で調査を終了した[4]。回答

者は，記憶に新しい実施済みのプロジェクトを1つ特定して回答した。表2.1aに回答対象プロジェクト特性，表2.1bに所属企業特性，表2.1cに回答者特性を示す。

■表2.1a：回答対象プロジェクト特性

継続期間	平均20ヶ月，中央値12ヶ月
参加人数	平均30人，中央値8人
投資額	平均値7億2870万円，中央値1000万円
メンバーの職種構成比（%）	
企画・マーケティング	28
営業・サービス・販売	22
その他の事務系	9
クリエイティブ	5
ハードウェア技術者	8
ソフトウェア技術者	11
生産・工事現場	3
その他の専門職	4
経営管理職	8
その他	2

n=400

■表2.1b：所属企業特性

従業員数	平均値6642人，中央値300人
売上高	平均値2313億円，中央値20億円
業界構成比（%）	
製造・建築	28
情報通信システム	12
金融・保険業	10
その他サービス業	39
その他	11

n=400

■表 2.1c：プロジェクト当時の回答者特性

年齢平均	42 歳
男性率	91%
4 大卒以上率	79%
課長以上役職率	60%
職種構成比（%）	
企画・マーケティング	49
その他の事務系	21
クリエイティブ系	1
技術系	8
その他の専門職	3
経営管理職	17
その他	2

n=400

分析モデル

　前節で導出した仮説を，次項で述べる尺度で測定し，図 2.1 に示したモデルで共分散構造分析をした。モデル 1 は，仮説 1 のチームの多元的視点取得が創造的成果に与える影響である。モデル 2 は，仮説 2 のチームメンバーの多様性が多元的視点取得に媒介されて創造的成果に与える影響である。仮説 3-1 のチームメンバーの多様性がチームが接触した相手の多様性を介して多元的視点取得に与える影響，仮説 3-2 の接触相手の多様性が多元的視点取得を介して創造的成果に与える影響については，チームメンバーの多様性→チームの接触相手多様性→チームの多元的視点取得→チームの創造的成果のモデル 3 で検証する。

測定方法

チームの創造的成果

　第 1 章で述べたとおり，本書では，創造性を個人レベルの特性や内的過程ではなく，社会文化的なコンテクストとの相互作用であるという見方を採用し（Csikszentmihalyi,1996; Amabile, 1996），新奇性と社会文化的コンテク

ストにおける適切性の二面で捉えている（Runco & Jaeger, 2012）。本書において創造的成果は，新奇性があり，かつ，ステークホルダーにとって十分な適切性があると評価されている成果である。この成果には企業が市場に供給する製品，サービスの他，ビジネスの方法や技術も含まれる。

　各質問項目は，新奇性については，「今までにない新しいことを生み出した」に対して「非常にあてはまる」から「まったくあてはまらない」の5点尺度で尋ねた。適切性については，新しい事業・製品・サービスの企画にとっての主要な利害関係者として，所属する企業全体や部門，ユーザー，取引先や業界人を取り上げ，それぞれ「会社や部門の業績に貢献した」，「ユーザーの評判がいい」および「ユーザー以外の取引先や業界の人の評判がいい」について，新奇性と同様に5点尺度で尋ねた。創造的成果は，新奇性と会社・部門，ユーザー，ユーザー以外の関係者への適切性の4指標で構成される潜在変数である（a =0.852）。

チームの多元的視点取得

　本書の多元的視点取得の定義「様々なステークホルダーの立場で世界をイメージする視点取得の多様性の程度」に従って，チームがプロジェクト中に考慮する可能性がある，ユーザー・顧客，チーム内の他メンバー，自分（個

■表2.2：チームレベルの視点取得の割合[a]，創造的成果との相関係数[b]

	ユーザー・顧客	世の中の人	個人的視点	取引先等社外関係者	社内（チーム外）	上司・上層部	チーム内	多元的視点取得[c]平均 (SD)
割合[a]（%）	58.3	50.2	42.8	41.3	33.8	32.8	28.0	2.463(2.539)
創造的成果との相関[b]	.451**	.407**	.353**	.300**	.256**	.115**	.298**	.469**

n=400, ** p<0.01
[a] 各視点取得項目について5点尺度中上位2ポイント（「非常にあてはまる」「かなりあてはまる」）をつけた回答の割合
[b] 各視点取得項目（5点尺度）と創造的成果（創造的成果4指標を合成）の相関係数
[c] 7つの視点取得質問項目のうち，5点尺度中上位2ポイントをつけた項目の数（最大値7，最小値0）

人的視点），上司・上層部，チーム外社内の人，取引先等社外関係者，世の中の人の 7 種のステークホルダーについて「XX がどう感じるだろうと考えた」程度を 5 点尺度で尋ね，上位 2 ポイントをつけた項目数（視点取得の多様性）を多元的視点取得の指標とした。

　なお，質問項目の 1 つに「自分ならどう感じるだろうと考えた」というチームメンバーの個人的視点が含まれているのは，プロジェクトを遂行する職業人としての立場だけでなく，幼い頃からプライベートな経験を積み重ねた個人の視点も，多元的視点取得の 1 つの次元を構成すると考えられるからである。先行研究では，他者の視点に立つ活動がさかんであるほど個人的視点も深まる現象が観察されている（Galinsky et al., 2005）。

　視点取得が行われている対象は，表 2.2 に示すとおり，ユーザー・顧客，世の中の人，個人的視点，取引先等社外関係者が比較的多く，チーム内，上司・上層部，チーム外社内といった身内の視点取得が比較的少ない。視点取得割合が高い対象ほど創造的成果との相関は高い傾向が見られる。

チームメンバーの多様性

　先行研究では，年齢，性別などのデモグラフィックスの多様性に比べて，メンバーの職種などの機能の多様性は，パフォーマンスを向上させる傾向がある（Williams & O'Reilly, 1998; Horwitz & Horwitz, 2007; Joshi & Roh, 2009）。本書では，チームメンバーの機能的多様性とデモグラフィックスの多様性の両方を検証する。機能的多様性については，チームに属する職種別の人数と，当該プロジェクトに必要とされたスキルの構成比を尋ね，デモグラフィックスの多様性については性・年代別のチームメンバーの数を尋ねた（表 2.3 参照）。機能的多様性の代表的な測定方法である職種に加え，プロジェクトに必要とされたスキルについて尋ねた理由は，日本企業では社員はジョブローテーション等を通じて多様な経験を積んでおり，職種と実際の職務は必ずしも一致せず，名目上の職種を越えてマルチスキルを求められることがあるためである。

　Williams & O'Reilly（1998）のレビューによると，組織の多様性の測定指標は，異なる属性のメンバーの割合が使われることが多く，経験年数など連

■表 2.3：チームメンバーの多様性

職種	構成比 (%)[a]	必要スキル 構成比(%)[b]	性・年齢別	構成比 (%)[a]
企画・マーケティング	27.9	30.3	男性 20 代以下	9.0
営業・サービス・販売	22.4	19.9	男性 30 代	28.3
その他の事務系	9.1	8.5	男性 40 代	27.4
クリエイティブ	5.0	7.4	男性 50 代	14.9
技術（電気 / 電子 / 機械）	3.9	4.3	男性 60 代以上	2.6
技術（情報通信 / 情報システム）	10.6	9.2	女性 20 代以下	4.3
技術（素材 / 化学 / バイオ / 薬品）	1.4	1.4	女性 30 代	6.7
技術（建築・土木）	2.4	2.3	女性 40 代	3.4
生産・工事現場	2.7	2.9	女性 50 代	1.4
その他の専門職	4.3	4.6	女性 60 代以上	0.3
経営管理職	8.4	7.3	不明	1.8
その他	2.0	2.1		
1-HHI 平均[c]	0.545	0.647	1-HHI 平均[c]	0.598

n=400

[a] チームの人数構成比
[b] 必要とされた職種スキルを回答者が合計 100%で主観評価した構成比
[c] 各項目の割合の 1-HHI（ハーフィンダール・ハーシュマン指数）によって，個票レベルで
測定した多様性の程度の平均

続量の変数の場合は変動係数などのばらつきの指標が採用される場合がある。本書では，職種，スキル，性別など複数カテゴリーを含む変数における多様性を対象としているため，各カテゴリーの割合（構成比）を算出し，各カテゴリーの割合の二乗の和であるハーフィンダール・ハーシュマン指数（HHI）を 1 から差し引いた 1-HHI を多様性測定指標として採用した。

チームの接触多様性

　チームが接触した外部の人は，チームメンバーのように正確な人数や割合を想起することは難しい。そこで，表 2.4 に示したカテゴリーの外部者に，チームとして接触したか否かを尋ねた。チームの接触相手の多様性は，チームが接触した相手のカテゴリー数とした。

■表 2.4：チームが接触した相手の多様性

	同じ部署の同僚・部下	上司	同じ会社の別の部署	会社の経営層	継続的な取引関係がある社外	継続的な取引関係がない社外	プライベート	その他	一切接触していない		接触人数（実数）	接触多様性（0〜8）
割合（%）※	55.8	48.3	48.8	38.5	40.0	17.3	16.3	4.8	3.5	平均	33.8	2.7

n=400
※多重回答で接触したと答えた割合（多重回答のため，合計 100% にならない。）

コントロール変数

　チームメンバーの各人の個人的創造性はチーム全体の創造的成果にも影響すると考えられる。また，仕事への興味と楽しみに基づいて努力を費やす欲求である，内発的動機付けは，創造的成果，特に新奇性を高めるという実証結果が出ている（Amabile, 1997; Ryan & Deci, 2000）。個人的創造性は，Kirton Adaptation Innovation Inventory のイノベーターの特性としての独創性指標の 2 項目「独創的なアイディアを持っている」と「アイディアをどんどん生み出す」で測定した（α=0.883）（Kirton, 1976）。内発的動機付けは Intrinsic Motivation Inventory のうち内発的動機付けの情動的側面である「新しい問題に取り組むことをとても楽しんでいる」と認知的側面である「自分の興味を原動力にしている」の 2 項目で測定した（α=0.824）（Reynolds, 2006）。以上の項目の回答形式は「ほとんど全員にあてはまらない（1 点）〜ほとんど全員にあてはまる（5 点）」までの 5 点尺度であった。なお，共分散構造分析では，各概念の指標は，個人的創造性と内発的動機付けという潜在変数に合成した後，両者の相関が高いことから，さらに創造的個人特性と名付けた潜在変数に合成している。

　また，企業とプロジェクトの規模が影響する可能性があるので，当該プロジェクトに対する投資額と企業規模（売上高）の常用対数をコントロール変数として投入した。表 2.1a，表 2.1b に記述統計が記載されている。

　表 2.5 に以上の主要変数間の相関係数表を示す。

■表 2.5：主要変数間の相関係数表

	平均値 (標準偏差)	創造的成果	多元的視点取得	職種多様性	スキル多様性	性・年齢多様性	接触多様性	創造的個人特性	プロジェクト投資額
創造的成果[a]	3.193 (0.850)	1.000							
多元的視点取得	2.463 (2.539)	0.469**	1.000						
職種多様性	0.543 (0.254)	0.111*	0.079	1.000					
スキル多様性	0.647 (0.179)	0.111*	0.144**	0.505**	1.000				
性・年齢多様性	0.598 (0.195)	0.090	0.142**	0.228**	0.127*	1.000			
接触多様性	2.695 (1.542)	0.182**	0.225**	0.246**	0.244**	0.272**	1.000		
創造的個人特性[b]	2.879 (0.804)	0.423**	0.363**	0.040	0.054	−0.012	0.146**	1.000	
プロジェクト投資額[c]	3.152 (1.188)	0.188**	0.020	0.249**	0.170**	0.161**	0.259**	0.039	1.000
企業規模 (売上高)[c]	5.469 (1.616)	−0.015	0.070	0.109*	0.134**	0.136**	0.240**	−0.041	0.359**

n=400, * p<0.05, ** p<0.01
[a] 創造的成果 4 指標の合成変数
[b] 個人的創造性 2 指標と内発的動機付け 2 指標の合成変数
[c] 常用対数

2.3 ▶ 結果

　表 2.6 に図 2.1 の各モデルの共分散構造分析の結果を示している。

　モデル 1 に示すとおり，多元的視点取得は創造的成果と直接的に有意な正の関係がある。チームメンバーの多元的視点取得が創造的成果に正の直接効果があるという仮説 1 は支持されている。表 2.2 に示したとおり，ユーザー，取引先などの各ステークホルダーの視点取得は単独でも創造的成果と正の相関があるが，多元的視点取得の創造的成果との相関係数は単独視点取得のどの項目との相関に比べても高く，多元的視点取得は，単独の視点取得よりも

■表2.6：チーム多様性，多元的視点取得，接触多様性が創造的成果に与える影響（共分散構造分析の標準化係数とモデル適合度）

モデル	1 (仮説1) 多元的視点取得	2a (仮説2) 多元的視点取得＋職種多様性	2b (仮説2) 多元的視点取得＋スキル多様性	2c (仮説2) 多元的視点取得＋性・年齢多様性	3b (仮説3-1,2) 多元的視点取得＋スキル多様性＋接触多様性	3c (仮説3-1,2) 多元的視点取得＋性・年齢多様性＋接触多様性
多元的視点取得 → 創造的成果	0.403 **	0.401 ** –	0.400 ** –	0.399 ** –	0.396 **	0.396 ** –
チーム多様性 → 創造的成果	–	0.027 (0.049)	0.019 (0.065)	0.022 (0.074)	0.014	0.017
チーム多様性 → 多元的視点取得	–	0.079 –	0.144 ** –	0.142 ** –	0.095	0.087 –
チーム多様性 → 接触多様性	–	–	–	–	0.244 **	0.272 ** –
接触多様性 → 創造的成果	–	–	–	–	0.026	0.025 (0.093 *)
接触多様性 → 多元的視点取得	–	–	–	–	0.202 **	0.201 ** –
創造の個人特性 → 創造的成果	0.339 **	0.339 ** (0.488 **)	0.339 ** (0.485 **)	0.341 ** (0.490 **)	0.337 **	0.338 ** (0.477 **)
創造の個人特性 → 個人的創造性	0.752 **	0.754 ** (0.750 **)	0.750 ** (0.743 **)	0.753 * (0.750 **)	0.753 **	0.755 ** (0.751 **)
創造の個人特性 → 内発的動機付	0.962 **	0.959 ** (0.963 **)	0.964 ** (0.971 **)	0.960 ** (0.962 **)	0.961 **	0.958 ** (0.961 **)
プロジェクト投資額 → 創造的成果	0.204 **	0.199 ** (0.168 **)	0.202 ** (0.169 **)	0.201 ** (0.169 **)	0.198 **	0.198 ** (0.163 **)
企業の売上高 → 創造的成果	−0.123 **	−0.123 ** (−0.083)	−0.124 ** (−0.089)	−0.124 ** (−0.090)	−0.128 **	−0.128 ** (−0.100 *)
χ^2/df	4.691	4.489 (3.798)	4.231 (3.504)	4.184 (3.381)	4.385	4.387 (4.539)
GFI	0.920	0.913 (0.930)	0.918 (0.935)	0.918 (0.936)	0.904	0.904 (0.913)
AGFI	0.871	0.864 (0.887)	0.872 (0.895)	0.872 (0.897)	0.852	0.852 (0.860)
CFI	0.919	0.907 (0.935)	0.914 (0.941)	0.915 (0.944)	0.898	0.898 (0.919)
RMSEA	0.096	0.094 (0.084)	0.090 (0.079)	0.089 (0.077)	0.092	0.092 (0.094)

n=400，* $p<0.05$，** $p<0.01$

▢ は潜在変数，それ以外は観測変数
各潜在変数と観測変数との間のパスは省略。いずれのパスも標準化係数 0.67 以上で $p<0.01$
モデル 2a-2c の下段括弧内は上段から多元的視点取得を抜いたモデル。
モデル 3c の下段括弧内は上段から多元的視点取得とチーム多様性を抜いたモデル。

創造的成果に強い正の効果があると考えられる。

表2.6のモデル2a，2b，2cの上段は，多元的視点取得の先行要因として，職種（2a），必要とされたスキル（2b），性・年齢（2c）に関するチームメンバーの多様性を加えたものである。下段の括弧内の数字は，多元的視点取得を抜き，説明変数はチーム多様性のみとしたモデルである。多元的視点取得を入れたモデル（上段）でも，入れていないモデル（下段）でも，全ての種類のチーム多様性は創造的成果との間のパスが有意ではない。よって，チーム多様性の創造的成果に対する直接効果がない点は確認されたが，多元的視点取得を介した間接効果を仮定した仮説2は支持されなかった。

ただし，スキル多様性（2b）と性・年齢多様性（2c）と多元的視点取得の間には，標準化係数0.14程度であまり大きくはないものの有意なパスが存在する。したがって，これらの指標は，多元的視点取得の先行要因ということはできる。これ以降は，チームメンバーの機能的多様性はスキル多様性，デモグラフィック多様性は性・年齢多様性指標を使って分析することとする[5]。

表2.6のモデル3bと3cの上段の数字は，モデル2bと2cに，チーム多様性と多元的視点取得の間の媒介変数として，接触多様性を加えたものである。モデル3bではスキル多様性，モデル3cでは性・年齢多様性は，接触多様性との間に有意なパスがあり，接触多様性と多元的視点取得との間のパスも有意であった。接触多様性が入っていないモデル2bと2cでは，チーム多様性は多元的視点取得との間に有意なパスがあったが，接触多様性を加えたモデル3bと3cでは，チーム多様性と多元的視点取得との間の直接のパスは有意ではなかった。したがって，チーム多様性の接触多様性を介した多元的視点取得への間接効果（仮説3-1）は支持されている。

また，モデル3bと3cで共通して，接触多様性は多元的視点取得と有意な正の関係があり，かつ，多元的視点取得は創造的成果と有意な正の関係がある。接触多様性から創造的成果への直接効果は，多元的視点取得を入れたモデル（モデル3b,3c上段）では有意ではないが，多元的視点取得とチーム多様性を抜いたモデル（モデル3c下段）では有意なので，接触多様性の多元的視点取得を介しての創造的成果への間接的効果（仮説3-2）は支持され

■表 2.7：媒介分析の結果

仮説	説明変数	媒介変数	被説明変数	標準化直接効果	t 値	標準化間接効果	Sobel 検定Z 値
3-1	スキル多様性	接触多様性	多元的視点取得	0.095	1.898	0.049	3.139＊＊
3-1	性・年齢多様性	接触多様性	多元的視点取得	0.087	1.724	0.055	3.252＊＊
3-2	接触多様性	多元的視点取得	創造的成果※	0.080	1.769	0.102	4.181＊＊

数字は標準化係数。n=400，＊＊ p＜0.01
※創造的成果は，4 指標を合成。他の指標は表 2.6 の観測変数と同じ。

ている。

　次に，仮説 3-1 と 3-2 における変数間の直接効果と間接効果を HAD（清水，2016）による媒介分析で確認した。表 2.7 の 1，2 段目は，仮説 3-1 に関する，チーム多様性の接触多様性を介した多元的視点取得への媒介分析の結果である。すべてのチーム多様性指標の多元的視点取得に対する直接効果は有意ではなかったが，接触多様性を介した間接効果は有意水準にあり，仮説 3-1 は支持された。

　表 2.7 の最下段は，仮説 3-2 に関する，接触多様性の多元的視点取得を介した創造的成果への媒介分析である。接触多様性の創造的成果に対する直接効果は有意ではなかったが，多元的視点取得を介した間接効果は有意水準にあり，仮説 3-2 は支持された。

2.4 ▶ 結論

　本章の仮説の検証結果を図 2.2 に示した。ビジネス企画の共観創造には，［チームの多様性→接触相手多様性→多元的視点取得→創造的成果］というメカニズムがあった。

　チームの多元的視点取得は，創造的成果に正の直接効果があることを確認できた（仮説 1）。他者の視点取得は，前提や思考方略の再検討の促進，選択肢拡大のコスト削減等によって創造的成果を高めるが（Okada & Simon，

■図2.2：仮説の検証結果（共観創造メカニズム）

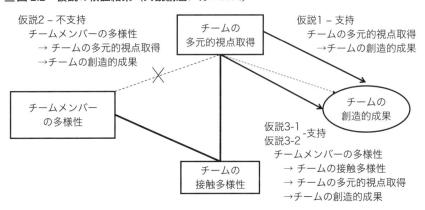

1997; Miwa, 2004; 林他, 2007)，視点取得の多様性が高い状態であれば，1つ
の視点からよりも様々な角度から検証することが可能になるため，創造的成
果にさらに強く働くと考えられる。

　チームメンバーの多様性は，創造的成果に対して直接効果はなく，多元的
視点取得を介した間接効果も支持されなかった（仮説2）。創造的成果に対
して多元的視点取得を介した間接効果が支持されたのは接触相手の多様性で
あった（仮説3-2）。この理由として，新奇性や各種ステークホルダーにとっ
ての適切性が問われる創造的成果においては，前提や思考方略の再検討，選
択肢拡大のコスト削減といった多元的視点取得の機能は，チームメンバーよ
りもチーム外部の人間の方が喚起しやすいということが考えられる。外部の
人間は，慣れ親しんだ相手よりも新奇性の高いものの見方をもたらし，ま
た，各種ステークホルダーと直接コンタクトをとった方が，各ステークホル
ダーの視点から見た適切性をより正確に評価できるからである。

　チームメンバーの多様性は接触相手の多様性を介して多元的視点取得に間
接的な効果があることがわかった（仮説3-1）。外部コミュニケーションが
直接要因であり，チームメンバーの多様性は間接的に働くにすぎないという
結果は，先行研究と整合的である（Hülsheger et al., 2009; Keller, 2001;
Ancona & Caldwell, 1992)。

▌第 2 章のまとめ

　本章では，事業・商品・サービスの企画プロジェクトに関する質問票調査に基づいて，共観創造のメカニズム（チームの多元的視点取得が創造的成果に結び付いているか，また，チームメンバーの多様性や，チームの接触する相手の多様性は，多元的視点取得および創造的成果にどのように関わっているのか）を実証した。その結果，**チームの創造的成果を直接的に高めるのはチームの多元的視点取得であり，チームの接触する相手の多様性は，多元的視点取得を介して間接的に創造的成果に影響を与えていた。また，チームメンバーの多様性は，接触相手の多様性を介して多元的視点取得に間接的な効果があった**が，創造的成果に対しては，直接効果も，多元的視点取得を介した間接効果も有意ではなかった。共観創造には，**［チームの多様性→接触相手多様性→多元的視点取得→創造的成果］**というメカニズムがあった。ビジネス企画において，チームメンバーの多様性があっても，外部の接触相手の多様性を高めて多元的視点取得の状態にならなければ，創造的成果は上がらないというのが本章の結論である。

● 第 2 章注釈

1) チームメンバー全員がまったく同じ認知状態になることはあり得ないが，チーム内の緊密な相互作用によって，ある程度共通認識を持つことはできる。チームレベルの間主観的な多元的視点取得とは，多様な視点が（少なくとも実用的には十分に）チームメンバー間で共通性を持っている状態を指す。

2) アウトカムが創造的成果ではないが，Calvard（2010）は，MBA 学生のプロジェクトチームに対する複数時点の縦断的な研究で，機能的な多様性は，チームの視点取得に媒介されて，チームの能力に対する自信と内省を高めることを見出している。一方，Hoever et al.（2012）と Hawlina et al.（2017）では，視点取得は多様性と創造的成果の間の媒介変数ではなく，調整変数として取り扱われている。Hoever et al.（2012）は，他のメンバーの立場で物事を見るように教示するチームと，教示しないチームを分けることで，視点取得を促す環境条件を統制している。しかし，Hoever et al.（2012）で，チームの視点取得の状態を測定していたならば，多様性と視点取得を促す環境条件が正の相互作用によってチームの視点取得の状態に影響し，チームの視点取得の状態が創造的成果を高めるというモデルになっていた可能性がある。また，Hawlina et al.（2017）における視点取得は，Davis（1983）の個人的視点取得特性のスコアであり，チームのレベルの認知的状態ではなく個人特性の総和である。前述のとおり，個人的視点取得特性とチームの視点取得の状態は別の概念であるが正の相関はあるので（Calvard, 2010），Hawlina et al.（2017）でチームの視点取得の状態を測定していたならば，多様性とチームメンバーの個人的視点取得特性の総和の相互作用がチームの視点取得の状態を高め，視点取得が創造的成果を高めるというモデルになっていた可能性がある。内発的動機付けが創造的成果に与える影響のモデルに個人的視点取得特性を調整変数として取り入れた Grant & Berry（2011）についても，同様のことが言える。

3）利用した調査会社はパネル登録時にシステムや目視による不正登録のチェック，登録後は年に6回トラップ調査を実施し，調査毎にも不正回答のパターンによるチェックを行うことによって，不正回答者を排除している。また，有職者全体で29万人のパネルを保持しているため，1人当たりの調査回数を少なくし，回答者の調査慣れを防いでいる。

4）コモンメソッドバイアスの1つである質問項目のプライミング効果については，同じ形式の調査項目はランダムに提示することである程度防いでいる（Podsakoff et al., 2003）。

5）職種の多様性は，多元的視点取得との間のパスが有意ではなかった。職種の多様性は接触多様性との間には有意なパスが見られるものの，接触多様性を介した多元的視点取得への間接効果も見られなかった。その理由として考えられるのは，表2.3に示したとおり，会社で与えられた職名と実際に発揮されたスキルとは食い違いがあることである。一般にマルチスキルが要求される日本企業のコンテクストでは，企画に携わるホワイトカラー職種において，スキルの多様性の方が職種の多様性よりも機能的な多様性を適切に捉えていると考えられる。

第3章

タスクによる共観創造の違い
── ビジネス企画，ハードウェア開発，ソフトウェア開発 ──

　第2章では，新規事業開発，事業・商品・サービスの企画（以下，ビジネス企画）プロジェクトに関する質問票調査で，共観創造のメカニズム（創造的成果に対する多元的視点取得と接触多様性，チーム多様性の関係）について検証した。企業において創造的成果を求められるタスクとして，第2章で取り扱ったビジネス企画の他，代表的なものにハードウェアやソフトウェアの技術開発がある。イノベーションという言葉は，一般的な用法で使われる時，ビジネス企画よりも技術開発を指すことが多いであろう。本章では，第2章で示した［チームの多様性→接触相手多様性→多元的視点取得→創造的成果］の共観創造メカニズムが，ビジネス企画（第2章と同じサンプルn=400），機械・電子機器・部品・素材・化学・バイオ・薬品・建築・土木等有形物の技術開発（以下，ハードウェア開発 n=424），ソフトウェア・情報システムの開発（以下，ソフトウェア開発 n=364）で異なるかどうかを検証する。また，ビジネス企画，ハードウェア開発，ソフトウェア開発では，創造的成果や多元的視点取得，接触相手やチームメンバーの多様性の水準に違いはあるか，違いがどのようなコンテクストによって生じているのかを探索的に比較する。調査方法と各変数の測定方法は，第2章と同じである。

3.1 ▶ タスクによる共観創造メカニズムの違い

▌ビジネス企画，ハードウェア開発，ソフトウェア開発

　2020年1月に，調査会社の保有する企業勤務者パネルから，ビジネス企画（n=400），ハードウェア開発（n=424），ソフトウェア開発（n=364）の3種類のタスクについて，3人以上のチームで取り組んだプロジェクトについ

て質問票調査を実施した。各タスク群の属性は表3.1に示したとおりである。

　回答プロジェクトは，期間，投資額はタスク間で有意差がなく，ソフトウェア開発で参加人数が多い傾向があった。参加職種はハードウェア開発ではハードウェア技術者6割，ソフトウェア開発ではソフトウェア技術者7割，ビジネス企画では企画・マーケティングが3割，営業系が2割を占め，その他の職種は分散している。所属企業の規模が最も大きいのはハードウェア開発で，従業員数平均は1万9千人，売上高平均は3700億円であり，業種は製造・建築が9割以上を占める。ソフトウェア開発は，従業員数は平均

■表3.1：プロジェクト・企業・回答者特性

	ビジネス	ハードウェア	ソフトウェア		ビジネス	ハードウェア	ソフトウェア
<プロジェクト特性>				<企業特性>			
平均期間（月）	19.9	20.0	18.9	平均従業員数*	6642	19078	11114
平均人数*	30	42	116	平均売上高（億円）**	2313	3666	1401
平均投資額（億円）	7.3	13.5	31.4	業界構成比（%）			
職種構成比（%）				製造・建築	28	91	16
企画・マーケティング	28	5	5	情報システム	12	2	67
営業・サービス・販売	22	4	5	金融・保険業	10	0	3
その他の事務系	9	2	3	他サービス業	39	5	11
クリエイティブ	5	4	5	その他	11	1	2
ハードウェア技術者	8	60	4	<回答者特性>			
ソフトウェア技術者	11	14	73	平均年齢（歳）**	42	40	40
生産・工事現場	3	6	1	4大卒以上率(%)	79	75	76
その他の専門職	4	3	2	課長以上率（%）	60	24	30
経営管理職	8	2	3				
その他	2	0	1	サンプル数	400	424	364

タスク群間の一元配置分散分析のF値有意水準 *$p<0.05$, **$p<0.01$

1万1千人だが売上高は1400億円で最も小さく，情報システム業界が7割程度を占め，残りは製造業やサービス業など他の業界に分散している。ビジネス企画は，従業員数は最も少ないものの売上高はハードウェア開発に次ぎ，業種は，その他のサービス業が4割，製造・建設が3割程度を占め，後の業種は分散している。

▌共観創造メカニズムのタスク間比較

　各タスク群について，第2章のモデル3（表2.6）と同様の共分散構造分析で，共観創造メカニズムを検証した結果が表3.2である。第2章で検証したビジネス企画と同様に，ハードウェア開発とソフトウェア開発でも，チームの多様性→接触相手多様性→多元的視点取得→創造的成果のパスが有意になっている。表3.3に示した媒介分析では，チームの多様性→（接触相手多様性）→多元的視点取得，および，接触相手多様性→（多元的視点取得）→創造的成果の間接効果はSobel検定ですべて有意であった。

　ハードウェア開発とソフトウェア開発がビジネス企画と異なる点は，接触相手多様性→（多元的視点取得）→創造的成果は，間接効果だけでなく，直接効果も有意であったことである（表3.2, 3.3, 図3.1）。ハードウェアとソフトウェアの技術開発では，チーム外との接触の多様性は，視点取得の多様性を高めるだけでなく，技術的知識の供与など直接的なスキルの提供が行われ，成果を高めると考えられる。

　また，ソフトウェア開発においては，チームのスキル多様性→（接触相手多様性）→多元的視点取得は，間接効果のみならず直接効果も有意であった（表3.2, 3.3, 図3.1）。ビジネス企画とハードウェア開発では，チームの多様性は外部ネットワークを広げることを介して多元的視点取得を高めるが，ソフトウェアでは外部ネットワークに関わらず様々なスキルを持ったメンバー自身が多元的視点取得を高めるケースが比較的多く見られると推測される。

　以上，各タスク群における主要概念間の関係を図3.1に示す。ビジネス企画，ハードウェア開発，ソフトウェア開発において，［チームの多様性→接触相手多様性→多元的視点取得→創造的成果］の共観創造メカニズムは共通して見られた。

チーム多様性	スキル多様性			性・年齢多様性		
タスク群	ビジネス	ハード ウェア	ソフト ウェア	ビジネス	ハード ウェア	ソフト ウェア
多元的視点取得 → 創造的成果	0.396**	0.241**	0.355**	0.396**	0.243**	0.357**
チーム多様性 → 創造的成果	0.014	0.006	0.016	0.017	0.051	−0.004
チーム多様性 →多元的視点取得	0.095	0.066	0.174**	0.087	−0.055	0.048
チーム多様性 →接触多様性	0.244**	0.283**	0.242**	0.272**	0.267**	0.108*
接触多様性 → 創造的成果	0.026	0.108*	0.132*	0.025	0.098*	0.136**
接触多様性 →多元的視点取得	0.202**	0.163**	0.134*	0.201**	0.196**	0.171**
創造的個人特性 → 創造的成果	0.337**	0.461**	0.476**	0.338**	0.464**	0.477**
当該プロジェクト投資額 → 創造的成果	0.198**	0.114*	0.078	0.198**	0.104*	0.079
企業の売上高 → 創造的成果	−0.128**	0.040	0.025	−0.128**	0.043	0.025
χ^2/df	4.385	4.093	3.324	4.387	4.268	3.452
CFI	0.898	0.901	0.917	0.898	0.896	0.912
RMSEA	0.092	0.086	0.080	0.092	0.088	0.082
n	400	424	364	400	424	364

は潜在変数，それ以外は観測変数
潜在変数と観測変数との間のパス，創造的個人特性を構成する潜在変数間のパスは省略。各観測変
数の測定方法は第2章参照。*$p<0.05$, **$p<0.01$

■表 3.3：媒介分析の結果

説明変数→（媒介変数）→被説明変数	ビジネス		ハードウェア		ソフトウェア	
	直接効果	間接効果	直接効果	間接効果	直接効果	間接効果
スキル多様性→（接触多様性）→多元的視点取得	0.095	0.049 **	0.066	0.046 **	0.162 **	0.031 *
性・年齢多様性→（接触多様性）→多元的視点取得	0.087	0.055 **	−0.055	0.052 **	0.025	0.022 *
接触多様性→（多元的視点取得）→創造的成果	0.080	0.102 **	0.134 **	0.056 **	0.230 **	0.062 **

数字は標準化係数。直接効果 t 値，間接効果 sobel 検定 z 値　*p＜0.05, **p＜0.01
ビジネス n=400，ハードウェア n=424，ソフトウェア n=364
各変数の測定方法は第 2 章参照。

■図 3.1：共観創造メカニズムのタスクによる違い

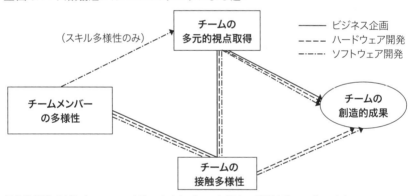

共分散構造分析において 5% 水準で有意なパス。各概念の計測方法は，第 2 章参照。

3.2 ▶ 共観創造メカニズムの活用度の違いとその背景

主要変数のタスク間のレベル差

　[チームの多様性→接触相手多様性→多元的視点取得→創造的成果] とい
う共観創造メカニズムは，ビジネス企画，ハードウェア開発，ソフトウェア
開発において，一部の直接効果の有意水準に違いが見られる他は，基本的に
は大きく変わらなかったが，創造的成果，多元的視点取得，接触相手の多様

性，チームの多様性の絶対値のレベルは，タスク間で違いがあった。表3.4
上段左列に示すとおり，創造的成果とその各指標は，ビジネス企画とハード
ウェア開発で高く，ソフトウェア開発で低かった。ビジネス企画とハード
ウェア開発の間は，大きな差がない項目が多いが，取引先・業界の人にとっ
ての適切性は，ビジネス企画がハードウェア開発よりも高く評価されてい
る。

■表3.4：創造的成果と多元的視点取得，接触相手の多様性，チーム多様性のタスク間比較

	ビジネス	ハードウェア	ソフトウェア		ビジネス	ハードウェア	ソフトウェア
創造的成果 [a*]	3.19	3.15	3.01	多元的視点取得 [b**]	2.46	1.66	1.51
新奇性 [a1]	3.22	3.24	3.03	接触多様性 [d**]	2.70	2.52	2.14
適切性（企業・部門）[a2]	3.31	3.29	3.16	スキル多様性 [c1**]	0.65	0.58	0.40
適切性（ユーザー）[a3]	3.24	3.25	3.07	職種多様性 [c2**]	0.54	0.47	0.31
適切性（取引先等）[a4**]	3.00	2.82	2.77	性・年齢多様性 [c3**]	0.60	0.59	0.62
（組織からの新奇性要求あり）				（組織からの新奇性要求あり）			
創造的成果 [a*]	3.42	3.27	3.20	多元的視点取得 [b**]	2.89	1.77	2.20
新奇性 [a1]	3.52	3.45	3.41	接触多様性 [d]	2.93	2.70	2.55
適切性（企業・部門）[a2]	3.45	3.33	3.27	スキル多様性 [c1**]	0.67	0.60	0.46
適切性（ユーザー）[a3]	3.46	3.33	3.18	職種多様性 [c2**]	0.56	0.47	0.37
適切性（取引先等）[a4**]	3.26	2.97	2.93	性・年齢多様性 [c3]	0.61	0.59	0.63

上段は全サンプル　ビジネス企画 n=400, ハードウェア開発 n=424, ソフトウェア開発 n=364
下段は，組織からの新奇性要求ありのサンプル　ビジネス企画 n=209, ハードウェア開発 n=227,
　ソフトウェア開発 n=130
左列の [a] 創造的成果は a1–a4 の合成指標，[a1]「今までにない新しいことを生み出した」，[a2]「会社や部
　門の業績に貢献した」，[a3]「ユーザーの評判がよい」，[a4]「ユーザー以外の取引先や業界の人の評判が
　よい」，いずれも「非常にあてはまる」から「まったくあてはまらない」までの5点尺度。
右列の [b] 多元的視点取得は，チームがユーザー，取引先，社内他部署等7種関係者について「XX が
　どう感じるだろう」と考えた程度の5点尺度中上位2ポイントを付けた項目数（0-7）。
[c1] スキル多様性はチームのスキルの構成比の 1-HHI。[c2] 職種多様性は職種の構成比の 1-HHI。
　[c3] 性・年齢多様性は性別年齢の構成比の 1-HHI。
[d] 接触多様性はチームが接触した外部者の種類数（0-8）。
*p<0.05, **p<0.01
左列は，タスクの違いを固定因子，プロジェクト投資額（常用対数），企業売上高（常用対数），個人的
　創造特性を共変量とした分散分析のタスクの主効果の F 値有意水準。
右列はタスクの違いを固定因子とした分散分析のタスクの主効果の F 値有意水準。

　表 3.4 上段右列の多元的視点取得，接触多様性，チームのスキル多様性および職種の多様性のレベルは，ビジネス企画が最も高く，ハードウェア開発がこれに次ぎ，ソフトウェア開発は最も低かった。チームの性・年齢構成のデモグラフィック多様性のみは，ソフトウェア開発が最も高かった。

　共観創造メカニズムは，ビジネス企画群が最も活用しており，ハードウェア開発がこれに次ぎ，ソフトウェア開発群は共観創造メカニズムを働かせて創造的成果を高める程度が最も低いと言える。

　しかしながら，ソフトウェア開発がビジネス企画とハードウェア開発に比べて創造的ではないとただちに評価することはできない。まず，各タスクが平均的におかれているコンテクスト，状況要因を見る必要がある。

　チームが組織から新奇性（今までにない新しいことを生み出す）を要求されている割合を見ると，ビジネス企画 52.3%，ハードウェア開発 53.5% と半数以上であるが，ソフトウェア開発では 35.7% と大きく差がある（表 3.5 参照）。ビジネス企画とハードウェア開発チームは，ソフトウェア開発に比べて，組織から新奇性を要求されるために，組織からの要請に応えるべく，創造的成果を高める努力をしている可能性がある。

　そこで，組織からの新奇性要求があると答えたサンプルのみに絞って主要指標のレベルをタスク群間で比較したのが表 3.4 下段である。全サンプルの表 3.4 上段と比較すると，成果や多様性のすべての指標の値が大きく，タスクに関わらず組織からの新奇性要求が高い場合はそうでない場合に比べ，［チームの多様性→接触相手多様性→多元的視点取得→創造的成果］の共観創造メカニズムを活発に使って創造的成果を高めているといえる。表 3.4 下段左列の創造的成果のレベルは，すべての項目についてビジネス企画が最も高いのは変わらないが，ハードウェア開発とソフトウェア開発の差はほとんどなくなっている。表 3.4 下段右列の多元的視点取得も，ビジネス企画が最も高いが，ソフトウェア開発の増加幅が大きくハードウェア開発と逆転している。接触相手やスキル，職種の多様性はビジネス企画，ハードウェア開発，ソフトウェア開発の順であるのは全サンプルの傾向と変わらないが，接触多様性はソフトウェア開発の増加幅が大きく有意差がなくなっている。唯一ソフトウェア開発で高かった性・年齢多様性については，傾向は全サンプ

ルと同じであるが，他群に比べて有意差はなくなっている。ソフトウェア開発であっても新奇性が組織から求められる状況では，共観創造メカニズムの活用度（多様な相手と接触して多元的視点取得を高め，創造的成果につなげる）はハードウェア開発と同じレベルになるが，ビジネス企画の水準には及ばないということが言える。

▌プロジェクトに対する組織からの要求と位置付け

　表3.5は，各タスク群のプロジェクトが組織から受けている要求である。組織からの新奇性要求（今までにない新しいことを生み出す）がビジネス企画とハードウェア開発で高いのは前述のとおりであるが，何に関しての新しさであるかは両者で大きく異なった。ビジネス企画は，他タスク群に比べて，組織から新しいビジネス機会（市場や顧客）の開拓，中長期的視点が求められ，ハードウェア開発チームは，既存ユーザーの要求に応えること，コ

▉表3.5：プロジェクトに対する組織からの要求

	ビジネス	ハードウェア	ソフトウェア
今までにない新しいことを生み出すことが求められている**	52.3%	53.5%	35.7%
新しい市場や顧客を開拓することが求められている**	50.0	32.1	22.0
中長期的な将来性が求められている**	38.5	29.5	24.5
既存ユーザーの要求に応えることが求められている**	34.8	45.0	45.1
今まで社内になかった知識やスキル，人材が求められている	28.2	25.2	21.4
社内にある知識やスキル，人材が大いに活かせる**	26.8	31.6	22.0
コストダウンや効率化が大きいことが求められている**	18.8	40.8	26.9
市場規模が大きいことが求められている**	14.2	12.7	5.2
利益率が高いことが求められている**	20.5	21.2	9.1
n	400	424	364

タスク群間のχ^2検定の有意水準　　＊p<0.05，＊＊p<0.01

ストダウン・効率化，社内資源（知識，スキル，人材）活用が求められている。ソフトウェア開発は既存ユーザーの要求への対応の他は，他群に比べて要求される程度の大きい項目がなく，市場規模や利益率といった財務パフォーマンスはほとんど求められていなかった。

　表 3.6 に示す当該プロジェクトの組織における位置づけも，タスク群で大きく異なる。ビジネス企画は，半数程度が通常業務とは別プロジェクトで，全社的な戦略の一環として位置付けられるプロジェクトが 4 分の 1 を占めていた。一方，技術開発は戦略的に位置付けられることはビジネス企画に比べて少なく，ハードウェア開発は通常業務チーム，ソフトウェア開発は同じ部屋や場所に集まる専任チームが他群に比べて多かった。

　ビジネス企画群は新しいビジネス機会を開拓する戦略的なタスクフォース，ハードウェア開発群は通常業務の中で既存ユーザーに対してコストダウンなどにつながる新しい技術開発を目指すチーム，ソフトウェア開発群は専任であるが新しさは求められず，戦略性のない作業チームが多く含まれることが窺われる。

　なお，組織からの新奇性要求があるケースに絞り込んでも，組織からの要求とプロジェクトの位置付けのタスク群間の相対的な傾向は全サンプルに比べて大きく変わらなかった。組織からの新奇性要求があるケースに限定しても，ビジネス企画は依然として最も創造的成果が高く，多元的視点取得が盛

■表 3.6：各タスク群の組織におけるプロジェクトの位置付け

	ビジネス	ハードウェア	ソフトウェア
通常業務とは別に組織されたチームであった**	49.0%	25.5%	32.1%
このプロジェクトの専任チームであった**	32.3	38.4	50.0
チームメンバーは同じ部屋や場所に集まって作業をした*	27.5	30.2	36.8
全社的な戦略の一環に位置付けられるプロジェクトであった**	24.3	17.9	15.9
非公式なチームであった**	7.8	4.7	2.7
n	400	424	364

タスク群間の χ^2 検定の有意水準　* $p<0.05$, ** $p<0.01$

んであることは前項で見た。その背景の1つとして，ビジネス企画は，中長期的な視野に立って新しいビジネス機会を求められることが多く，ハードウェア開発，ソフトウェア開発は既存顧客への対応が多いことがあると考えられる。ビジネス企画と技術開発では求められる新奇性の質が異なるのである。

▍チーム内のコミュニケーションと関係性

表3.7は，各タスク群のチーム内コミュニケーションとチームメンバーの

■表3.7：チーム内のコミュニケーションと関係性

	ビジネス	ハードウェア	ソフトウェア
【対面コミュニケーション量】 プロジェクト期間における対話時間の割合*（%）	14.3	10.2	11.8
＜チーム内コミュニケーションと関係性＞※			
【コミュニケーション量的側面】 活発に意見が交換された**	3.53	3.37	3.31
業務時間外にもチームメンバーはよく会っていた**	2.94	2.75	2.68
【問題意識・目的共有】 問題意識や目的の共有がよくできていた**	3.58	3.46	3.32
【リフレクション】 チームの目標や情報共有・意思決定の方法をチームで振り返って話し合うことがよくあった**	3.26	3.16	3.07
チームメンバー同士の支え合いや葛藤について，チームで振り返って話し合うことがよくあった**	3.17	3.04	2.98
【相互信頼】 チームメンバーは互いに信頼し合っていた*	3.54	3.50	3.37
【心理的安全性】 安心して言いたいことが言えた**	3.53	3.44	3.24
他の人に反論したり，場違いと思われることを言っても許された**	3.44	3.38	3.20
n	400	424	364

*$p<0.05$, **$p<0.01$
平均値についてはタスク群間の一元配置分散分析，構成比についてはχ^2値の有意水準
※「非常にあてはまる」から「まったくあてはまらない」までの5点尺度。

関係性に関する項目の比較である。

　ビジネス企画は，他群に比べてコミュケーションの量が最も多かった。すなわち，プロジェクト期間における対面話し合い時間の割合が高く，活発に意見交換がなされ，業務時間外にもチームメンバーはよく会っていた。また，ビジネス企画は，他群に比べて問題意識や目的を共有し，チーム内で振り返り（リフレクション）をよく行い，相互信頼があり，心理的安全性が高かった。ハードウェア開発はほとんどすべての項目でビジネス企画に次いでおり，特に相互信頼と心理的安全性は，ビジネス企画の水準に迫っていた。ソフトウェア開発はいずれの項目も最も低い傾向にあった。

　表 3.8 はチームの外部コミュニケーションのタスク間比較である。接触相手の多様性は，表 3.4 に示したとおり，ビジネス企画＞ハードウェア開発＞ソフトウェア開発であったが，接触人数は分散が大きく群間で有意差はない。チームメンバーが接触するチーム外の相手の接触頻度は，ビジネス企画は，社内別部署，経営層，継続的な取引がない社外の組織や人，プライベー

■表 3.8：チームの外部コミュニケーション

	ビジネス	ハードウェア	ソフトウェア
チーム外接触人数（人）	33.82	35.59	9.54
＜チーム外接触頻度＞※			
同じ部署の同僚・部下**	6.56	7.64	6.10
上司**	5.83	6.62	5.07
同じ会社の別の部署**	4.14	4.27	2.84
会社の経営層**	2.71	1.70	1.58
継続的な取引がある社外の組織や人	2.92	2.46	2.49
継続的な取引がない社外の組織や人**	2.11	1.31	1.54
仕事以外の知り合い，友人，家族，親戚*	1.79	1.20	1.33
合計**	26.06	25.21	20.95
n	400	424	364

* $p < 0.05$, ** $p < 0.01$
平均値のタスク群間の一元配置分散分析
※月に 1 回を 1 とした値

トの接触頻度が他群に比べ多い。これに対して，ハードウェア開発は，同僚，上司，社内別部署との接触頻度が多い。ビジネス企画は戦略的なプロジェクトが多く新しいビジネス機会を求める傾向が強いために，日常的にコミュニケーションしない相手と接触することが多いのに対し，ハードウェア開発は身近な相手が多いという特徴がある。ソフトウェア開発は，チーム外部との接触頻度が全体に低かった。

▎思考のパターン

　創造的な思考にはメタファーやアナロジー思考（Gick & Holyoak, 1980; Barron & Harrington, 1981; Mumford & Gustafson, 1988），思考の前提を疑って再定義する（Sternberg, 2006）など様々な思考方略が使われる。表3.9 上段は創造性と関係があると言われる思考方略の多様性と，各思考方略の使用程度のタスク間比較である。ビジネス企画では，最も多様な思考方略を採用しており，個別の思考方略では，一見無関係なことを結びつけて考えるアナロジー思考と，チームメンバーが時にはメンバーから離れて1人で考えることが他群に比べて多かった。ハードウェア開発は，思考方略の多様性はビジネス企画に次ぎ，因果関係を考えることが他群に比べて多かった。ソフトウェア開発は，思考方略の多様性が最も低く，特徴的な思考方略はなかった。

　また，創造プロセスはいくつかの段階に分かれることがこれまで多くの研究者に指摘されている（Scott et al. 2004; Sternberg, 2006）。段階の分け方は研究によって様々であるが，本章では，Sawyer（2012）の創造プロセス段階を採用して，1）問題の発見・設定，2）課題に直接関係する情報の収集，3）課題に関連あるかもしれない情報の収集，4）孵化（しばらく考えをあたためておくこと），5）アイディア創出，6）複数のアイディアや知識，経験の組み合わせ，7）アイディアの絞り込み，8）アイディアの表現の8段階とし，各段階に使った時間の割合の見積もり（合計100%）を回答者に依頼した。表3.9 下段に示したとおり，タスク群間比較では，ビジネス企画は，課題に直接関係する情報の収集，アイディア創出にかける時間が長い。ハードウェア開発は，アイディア創出，孵化，アイディア・知識・経験の組

■表 3.9：チームの思考方略と創造プロセス段階

	ビジネス	ハードウェア	ソフトウェア
思考の方略多様性 [a]**	2.06	1.86	1.55
<思考方略の使用頻度>[b]			
そもそもの前提が正しいか考える	3.24	3.21	3.16
何かに置き換えて比喩で表して考える（メタファー）	2.96	2.92	2.90
一見無関係なことを結びつけて考える（アナロジー）**	2.85	2.74	2.63
分類して考える	3.35	3.28	3.23
因果関係を考える*	3.35	3.44	3.25
チームメンバーのいないところで 1 人で考える*	3.33	3.24	3.15
<創造プロセス段階>[c]（%）			
1）問題点をはっきりさせる，あるいは，潜在的な可能性を発見する	24.3	21.7	22.2
2）課題に直接関係する情報を収集する**	17.9	15.4	18.1
3）課題に直接関係あるかどうかはわからない情報を広く収集する	8.4	7.6	7.6
4）しばらく考えをあたためておく（孵化）*	4.6	5.8	5.0
5）新しいアイディア案を出す**	14.4	15.2	11.9
6）複数のアイディアや今までの知識・経験を組み合わせて案を出す**	10.6	13.8	11.9
7）アイディア案を絞り込み，最終的な案を決める	9.7	10.6	10.6
8）アイディアをチーム内や他の人々にわかりやすいように表現する**	10.2	10.0	12.8
n	400	424	364

* $p<0.05$, ** $p<0.01$
平均値についてはタスク群間の一元配置分散分析，構成比については χ^2 値の有意水準
[a] 6 種類の思考方略について 5 点尺度中上位 2 ポイントを付けた項目数（0–6）
[b]「非常によく使った」から「まったく使わなかった」までの 5 点尺度
[c] 各段階に費やした時間の割合（8 段階合計で 100%）

み合わせ段階の時間が長い。ソフトウェア開発は，直接情報収集とアイディアの表現に時間が使われていた。

▍リーダーシップ

　当該チームのリーダーシップをリーダー＋フォロワー型，リーダー＋自律的メンバー型，シェアードリーダーシップ型，弱いリーダーシップのどれか

■表3.10：チームのリーダーシップ

	ビジネス	ハードウェア	ソフトウェア
<リーダーシップのタイプ（単一回答）>**（%）			
リーダー＋フォロワー型：特定の人がリーダーシップをとっており，他のメンバーはそれに従っていた	25.5	23.6	35.7
リーダー＋自律的メンバー型：特定の人がリーダーシップをとっていたが他のメンバーも自律的に行動していた	61.0	61.8	51.1
シェアードリーダーシップ型：特定の人に集中はしていないが，その場の状況によってメンバーの誰かがリーダーシップをとっていた	10.3	9.9	7.4
あまり強いリーダーシップはみられなかった	3.3	4.7	5.8
<リーダーシップ主体（多重回答）>（%）			
経営管理職**	45.3	13.0	20.3
企画・営業・事務系職種**	50.0	9.2	10.7
クリエイティブ系職種*	6.3	5.7	9.9
技術系職種**	13.8	83.7	72.5
その他	2.3	0.7	0.8
<リーダーの役割（多重回答）>（%）			
チームの課題設定，目標決め	70.5	68.9	66.2
社内での情報収集	39.5	38.9	38.7
社外での情報収集**	43.0	28.5	28.6
アイディア出し**	47.5	46.2	31.3
案を絞る時の意思決定	43.5	43.4	37.1
チーム内のコミュニケーションや人間関係の円滑化	37.0	40.1	44.5
チーム外部への説明，プレゼンテーション，交渉	33.3	32.1	33.2
n	400	424	364

χ^2 値の有意水準　*p<0.05，**p<0.01

にあえて分類するように回答者に依頼した結果が表 3.10 の上段である。全体では一番多いパターンであるリーダー＋自律的メンバー型が，ソフトウェア開発では，ビジネス企画とハードウェア開発に比べて少なく，その分リーダー＋フォロワー型が多くなっている。ソフトウェア開発は，他群に比べてメンバーの自律性が弱いチームが多いと言える。

　ビジネス企画は，他群に比べて，管理職と企画・営業・事務系職種がリーダーシップをとることが多く，リーダーの役割で多いのは社外情報収集とアイディア出しであった。ハードウェア開発では，リーダーは技術者が 8 割以上で，アイディア出しにリーダーシップをとることが多かった。ソフトウェア開発は，リーダーは技術者が多く，リーダーの役割に特徴は見られなかった。

　リーダーシップの形態に関して，組織からの新奇性要求のあるサンプルでも群間の傾向に差はなかった。

▌職場環境

　創造性に関わる職場の雰囲気にもタスク群間に差が見られた（表 3.11）。ビジネス企画では，社員がアイディアを出すことが歓迎され，アイディアを出した社員は評価や報酬が得られ，社員はチャレンジに時間を割くことができる率も高かった。ハードウェア開発も，職場がアイディアを歓迎し，社員はチャレンジ時間を確保できる率はビジネス企画と変わらなかった。ソフト

▇ 表 3.11：チームがおかれている職場環境

	ビジネス	ハードウェア	ソフトウェア
職場で社員がアイディアを出すことが歓迎されている**	68.5%	65.6%	53.3%
よいアイディアを出した社員はよい評価や報酬が得られる**	34.8	26.2	21.7
職場では社員が新しいことにチャレンジするのに時間を割くことができる*	34.0	37.0	28.3
n	400	424	364

χ^2 値の有意水準　 * $p < 0.05$, ** $p < 0.01$

ウェア開発は，職場が創造性を推奨する雰囲気は最も見られなかった。組織からの新奇性要求が高いサンプルに絞ると，職場環境の違いは縮まり，アイディアに対する報酬・評価がビジネス企画で若干多い程度で，タスク群間の差はなくなる。

タスクによる違いの背景（まとめ）

　共観創造メカニズム［チームの多様性→接触相手多様性→多元的視点取得→創造的成果］自体は，タスクによって大きく変わらなかったが，共観創造メカニズムの活用度は，ビジネス企画＞ハードウェア開発＞ソフトウェア開発であった。その背景には，ビジネス企画は，新しいビジネス機会の開拓が求められ，技術開発は，既存ユーザーの要求への対応が求められることが多いという違いがあると考えられる。新しいビジネス機会を開拓するためには，組織や人との新しい出会いを求めて，外部ネットワークを広げる必要がある。外部からの情報が多様になればなるほど，情報を吸収し，多元的視点取得をするためにチーム内のコミュニケーションや関係性も一層重要になる。ビジネス企画群は，他群に比べて，チームの問題意識・目的共有，リフレクションの頻度，相互信頼，心理的安全性が高いことは，多元的視点取得の高さと無関係ではない。

　ハードウェア開発は，今までにない新しさを求められるケースがビジネス企画と同様に多いものの，その内容は新しいビジネス機会の開拓ではなく，既存ユーザーの要求に応じてコストダウン等を行うことである。そのため，外部ネットワークの多様性はビジネス企画ほど重要と認識されず，社内部署や決まった取引先，上司とのコミュニケーションが中心で，入ってくる情報もビジネス企画ほど多様ではない。チーム自体も特任でなく，通常業務チームであることが多い。そのため，ビジネス企画に比べて多元的視点取得のためにチームが内部コミュニケーションに努力を投入しない。チーム内でのコミュニケーション量や問題意識の共有，リフレクションの頻度がビジネス企画より低いのはそのためであると考えられる。しかし，プロジェクト時点での対話量は多くなくとも，通常業務チームとして継続しているので，チームの相互信頼や心理的安全性はビジネス企画並みの水準にある。

　ソフトウェア開発は，既存ユーザーの要求への対応が多いのはハードウエア開発と同様であるが，売上規模や利益などの財務パフォーマンスを求められることも少なく，新しい価値を創造するというよりもシステム開発の作業チームが多い。そのため，他群に比べて最も外部コミュニケーションの必要を感じにくく，多元的視点取得のためのチーム内コミュニケーションも低水準で，メンバーの自律性も低い。ただし，前述のように，組織から新奇性を求められるプロジェクトであれば，創造的成果や多元的視点取得に関してハードウェア開発との差はなくなる。

▌タスクの技術的な制約の違い

　組織から新奇性を求められる場合のみにサンプルを絞って見ても，依然として，ビジネス企画のチームは，ハードウェアとソフトウェアの技術開発チームに比べて，創造的成果と多元的視点取得のレベルは高かった（表3.4）。前述のように，その背景には，ビジネス企画は，新しいビジネス機会を開拓することが求められ，技術開発は，既存顧客への対応が多いという，組織からの要求の違いがあると考えられるが，それに加えて，影響していると考えられるのは，技術的な制約の違いである。

　製品開発では，製品の内部の機能と構造の整合性である内的統合と，製品の機能，構造等がユーザーの目的や価値観，使用パターン等に適合している程度である外的統合を両立させることが求められる（Clark & Fujimoto, 1991）。内的統合は，物理的制約の強いハードウェア開発，および，ロジックの整合性が厳密に求められるソフトウェア開発で特に強く必要とされると考えられる。ビジネスの企画は，例えば，商品の企画を行う場合などには物理的な制約があり，内的統合がまったく求められないわけではないが，一般に技術開発に比べればはるかに内的統合の厳密性は低い。

　一方，ユーザーが受け入れるかどうかの外的統合は，ビジネス企画においては技術開発と同様かそれ以上に重要であると考えられる。ビジネス企画の外的統合には，ユーザー，潜在ユーザー，チャネル，マーケティングや販売など多機能にわたる社内他部門の視点が必要である。特に，新しい市場や顧客を求める場合は，潜在ユーザーの広がりが大きく，かつ，その市場に関す

る知識が組織内に蓄積されていないので，未知のユーザーについての知識を持つ外部の組織や専門家の役割が大きくなる。未知のユーザーに対する外的統合中心のビジネス企画は，既知のユーザーのニーズに応えることが多く外的統合が内的統合に強く制約される技術開発に比べて，多元的視点取得が必要とされる程度が大きく，多元的視点取得に媒介された創造的成果のレベルも高くなると考えられるのである。

　さらに，ハードウェア開発とソフトウェア開発では技術的な性質の違いもある。ハードウェアの量産製品の開発は，設計，生産技術開発，生産準備までのプロセスである。生産に関する諸条件は開発段階でもちろん考慮しなくてはならないが，量産品の場合，開発チームが生産そのものを行うわけではない。一方，ソフトウェア開発は，ハードウェアに置き換えて言えば，設計から工場における生産（コーディング）までが対象となることが多い。ソフトウェア開発がビジネス企画だけでなくハードウェア開発に比べても，組織から新奇性が求められていない（表3.5）のは，新しい技術を開発するというよりも，顧客の要求に従ってソフトウェアを生産するプロジェクトが多く含まれているからである。したがって，共観創造も必要ないケースが多いということになる。

▎タスクによる違いを超えて

　ビジネス企画とハードウェア開発，ソフトウェア開発では，創造的成果，多元的視点取得，接触相手の多様性，チームの機能多様性のレベルが異なっており，その背景には，組織から新奇性が求められる程度，想定する市場や顧客に関する知識の必要性，技術的制約（内的統合）の強さが影響していると考えられる。ビジネス企画が最も共観創造メカニズムを活用する背景があり，ハードウェア開発がそれに次ぎ，ソフトウェア開発には最もニーズがなかったと見ることができる。

　しかしながら，3.1で見たように，共観創造メカニズム自体がタスク間で大きく異なるわけではない。つまり，ソフトウェア開発やハードウェア開発であっても，共観創造メカニズムを活用するニーズがある場合，典型的には未知の市場を開拓する製品・サービスを開発する際には，チーム外部の接触

相手の多様性を高め，多元的視点取得のレベルを高めることが有効である。

　ここで問題になるのは，環境変化によって既存顧客とは異なる市場の開拓が求められる状況になった場合，チームが急に変わることはできるだろうかという点である。例えば，本章のソフトウェア開発群の平均的チームが，ビジネス企画群の平均的チームのように多元的視点取得志向に変わることができるだろうか。

　チームの外部との関係について言えば，今まで外部とあまり接触してこなかったチームが未知の相手とうまくコミュニケーションするのには困難がつきまとう。仲間内だけで通じる言葉ではなく，まったく異なる分野の人と話す技術や態度が求められる。また，多様な相手につながるためには，チームメンバーが幅広い人的ネットワークを日頃から維持しなくてはならない。

　外部との関係以上に変わることが難しいのは，チーム内のコミュニケーションのあり方である。ビジネス企画は，他群に比べてもともとチーム内の機能的多様性が高いので，リフレクションを盛んに行うなど，視点の違いを知り，視点の違いがありつつも共通目標を達成しようとする努力を日常的に行っている。チーム内での視点の違いを知ろうとする努力が，外部から情報を取り入れた時，多様なステークホルダーの立場から見ること，つまり，チームの多元的視点取得を可能にしていると考えられる。一方，もともと技術的制約から内的統合の要求が強い技術開発チームは，多機能のスキルは求められても，チーム内で視点を同質化する圧力が強い可能性がある。普段からメンバーの視点の違いを受け入れようとするコミュニケーションをしていないチームは，外部コミュニケーションを活発にしても多元的視点取得を高めることは難しいという懸念がある。この懸念は，技術志向の強い組織が環境変化に対応して新しい価値を生み出そうとする際に，かなり普遍的に存在する可能性がある。

　環境の変化，特に対象市場が大きく変化する時，今まで技術的な競争優位性を持っていた組織は，多元的視点取得を阻害する，組織の中の目に見えないプロセスや認知フレームに意識的になる必要がある。破壊的技術に既存組織が対応することが難しいことからわかるように（Christensen, 1997），これまでつきあいのなかった顧客や外部組織などの多元的視点取得は困難な課

題であり，現場チームの自覚だけでは成し得ないと考えた方が良い。誰よりもまず，企業のトップ自身が多元的視点取得をし，社内外に広い視野のビジョンを共観創造する必要がある。その上で，現場チームの共観創造に，資源と権限を配分し，社員のインセンティブ・システムを用意する必要がある。

▌第3章のまとめ

　本章では，共観創造メカニズムのタスクによる違いを，ビジネス企画（第2章と同じサンプル），ハードウェア開発，ソフトウェア開発で比較した。**共観創造メカニズム［チームの多様性→接触相手多様性→多元的視点取得→創造的成果］自体は，タスクによって大きく変わらなかったが，共観創造メカニズムの活用度は，ビジネス企画＞ハードウェア開発＞ソフトウェア開発**であった。

　ビジネス企画の共観創造メカニズム活用度が技術開発に比べて高い背景には，**ビジネス企画には，新しいビジネス機会の開拓が求められている**ことがあった。多様な外部からの情報を取り入れ，多元的視点取得をするためにチーム内のコミュニケーションや関係性も一層重要になるため，チームの問題意識・目的共有，リフレクションの頻度，相互信頼，心理的安全性も他群に比べて高かった。

　ハードウェア開発は，今までにない新しさを求められるケースがビジネス企画と同様に多いものの，その内容は**既存ユーザーの要求**に応じてコストダウン等を行うことが多いため，社内部署や決まった取引先，上司とのコミュニケーションが中心であった。チーム自体も特任でなく，通常業務チームであることが多い。そのため，ビジネス企画に比べて多元的視点取得のためにチームが内部コミュニケーションに努力を投入しない。しかし，プロジェクト時点での対話量は多くなくとも，通常業務チームとして継続しているので，チームの相互信頼や心理的安全性はビジネス企画並みの水準にある。

　ソフトウェア開発は，既存ユーザーの要求への対応が多いのはハードウェア開発と同様であるが，新しい価値を創造するというよりもシステム開発の作業チームが多い。そのため，他群に比べて，**最も外部コミュニケーション**

の必要を感じにくく，**多元的視点取得のためのチーム内のコミュニケーショ
ンも低水準**である。ただし，組織から新奇性を求められるプロジェクトに
限って見れば，創造的成果や多元的視点取得に関してハードウェア開発との
差はなかった。

第 4 章

創造的実践に見られる多元的視点取得
— デザイン思考とデジタル・ストーリーテリング —

　本書の研究対象は，特別な才能を持っていない人々がチームとして生み出す創造的プロセスである。デザイン思考（Kelly & Littman, 2001; Brown, 2009; 東京工業大学 EDP 他, 2017）など，世界各地のデザイン・スクール等教育機関や企業，公共機関，非営利団体等で実践されている，チームで新しいモノやコトを生み出そうとする様々な試みの根底には，特別な才能を持っていない人々が相互作用をして，個人の成果の総和を超えて相乗効果を起こすという思想が共通して流れている。また，映像芸術分野の草の根運動が源流であるデジタル・ストーリーテリング（Hartley, & McWilliam, 2009; Lambert, 2013）も，映像のプロではない一般の人々がワークショップに参加して，参加者間の相互作用によって創造しようとする点で類似した思想を持っている。

　本章では，特別な才能を持っているわけではない人々が集団として創造的成果を生み出そうとする実践の形として，デザイン思考とデジタル・ストーリーテリングを取り上げ，多元的視点取得を促すしくみがどのように組み込まれているかを見ていこう。

4.1 ▶ デザイン思考

▌デザイン思考に組み込まれた多元的視点取得

　デザイナーは，着想（inspiration），発案（ideation），実現（implementation）という 3 つの空間を行き来しながら，反復的，非直線的に思考する。デザイナーは，人々が望んでいることと，ビジネスとしての実現可能性，技術的な実現可能性という 3 種類の制約のバランスをとって解を生み出さなければな

らない。デザイン思考は、このような認知過程を持つデザイナーの「ごとく」思考するということである（Brown, 2009）。この場合の思考は、頭の中の内的なプロセスだけでなく、手を動かして実際に描いたり作ったりし、他の人とのコミュニケーションすることも含めたプロセス全体を指している。

　Brown（2009）がデザイナーの「ごとく」と表現しているのは、デザイン思考は、職業的デザイナーだけのものではないからである。エンジニアやマーケター等他の職能を持つ人々、トップマネジメント、あるいは一般の人々もまた、デザイナーのプロセスを実行することによって創造的問題解決が可能であると考えている。したがって、デザイン思考の取り扱う問題は、特定のハードウェアやソフトウェアのデザインのみならず、人々の生活や社会をより良くする発想全般に広がっている。

　デザイン思考は学術的な概念と言うよりも、一連の実践的な創造プロセスとマインドセットである。デザイン思考は、工業デザイン、機械設計等のハードウェアのデザイン、ソフトウェアのデザイン、建築デザイン、都市計画、市民参加のワークショップ、教育・臨床・ビジネス等におけるワークショップなど、様々な領域の実践の中で試みられてきた手法や考え方の影響を受けている。また、その背後には、システムのデザイン科学（Simon, 1969）、認知科学等における創造性研究（第1章参照）、エキスパート研究（Schön, 1983）、文化人類学のエスノグラフィー、心理学におけるナラティブ・アプローチ、チームの組織論など多彩な学術的背景がある（図4.1）。同様な学術的背景を持ち、様々な領域の実践をベースにしたデザイン手法は、デザイン思考の他にも、参加型デザイン（Schuler & Namioka, 1993）、UXデザイン（安藤, 2016）、サービスデザイン（Shostack, 1984）、人間中心デザイン（ISO9241-210）（黒須, 2013）、クリティカル・デザイン（Malpass, 2019）など多数提案されており、デザイン思考との共通点も多い。

　数あるデザイン手法の中でも、デザイン思考が世界的に知れ渡った大きなきっかけは、有名デザイン会社のIDEOの協力でスタンフォード大学に2004年にd.schoolが設立されたことである（Kelly & Kelly, 2013）。d.schoolは、デザイン・スクールと呼ばれる、ユーザー体験を実現するための広義の

■図4.1：デザイン思考のベースとなる理論と実践

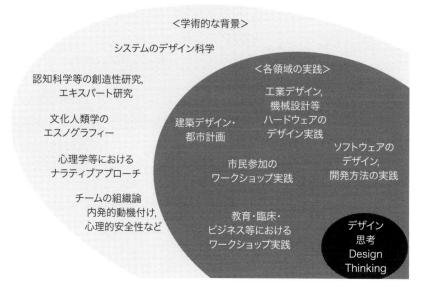

デザインを身に付けるプロフェッショナルスクールの草分けの１つである。

　d.school における基本的なデザイン・プロセスには，インタビューや観察などからユーザーに「共感」し，ユーザーにとってそもそも何が問題なのかを「問題定義」し，問題を解決する様々な解決案を発想し，ラフなスケッチ，模型，試作，ユーザー体験の物語りなど多様な形で「プロトタイプ」を作成し，ユーザーやその他のステークホルダーにプロトタイプを使った感想を聞いたり，実地で実験するなどの「テスト」を行うという５つの段階が含まれる（図4.2）。この５つの段階が順番に一方向に進むのではなく，プロセスの途中でいつでも何度でもどの段階にも後戻りして繰り返すことが推奨される。

　デザイン思考のデザイン・プロセスのすべての段階には，ユーザーやその他のステークホルダーの多元的視点取得が組み込まれている。

　「共感（empathize）」段階では，そもそも誰がユーザーなのか，そのユーザーにとって解決するべき問題は何なのかを洞察するために，ユーザーにインタビューをしたり，ユーザーの行動を観察する。その際，様々なタイプの

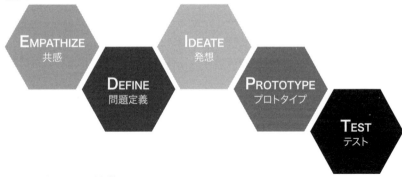

原図：スタンフォード大学 d.school

（潜在）ユーザー・グループの視点になってみることが求められる。ここでいう共感とは，『他者の目を通じて世界を観察し，他者の経験を通じて世界を理解し，他者の感情を通じて世界を感じ取る努力』（Brown, 2009 邦訳 p.68），『他者の目を通して体験をとらえる能力，人々がその行動を取る理由を理解する能力』（Kelly & Kelly, 2013 邦訳 p.127）である。つまり，この場合の共感は，他者の感情と同期する情動的共感ではなく，他者の心の状態を理解しようとする共観（認知的共感）である。

　「問題定義」は，ユーザーの視点取得によって得られた洞察を，チームの視点として言語化する段階である。d.school では，ユーザー・インタビューや行動観察から，ユーザーは本当はどうしたいのか，どのように感じたいと思っているかを洞察して，POV（point of view）と呼ばれるフォーマットに書くことがある。まさに，視点（point of view）であるわけだが，ここで視点と呼んでいるのは，正確にはユーザーの視点ではなく，ユーザーの視点取得をしたチームの視点である。今までにないモノやコトを生み出す際には，ユーザーに何が欲しいかを尋ねてすでに顕在化しているニーズを探るだけでは不十分で，ユーザー自身が意識していない潜在ニーズを探ることが重要になる。ユーザーの立場でユーザーが語ったこと，行動したことだけではなく，その背後にユーザーがどのように考え，感じているかをチームメンバーが洞察し話し合うことでチームメンバー間の視点取得が行われ，問題の捉え

直しが起きる。

　ユーザー理解によって定義された問題に対し，チームメンバーは，製品や
サービスなどの現実的な解決方法を「発想」し，「プロトタイプ」を作成す
る。「発想」や「プロトタイプ」の段階では，ユーザーだけでなく，社内，
社外の様々なステークホルダーの視点も必要である。物理的なモノ，情報シ
ステム，サービスを実現するためには，技術，生産，流通，協業に関わる視
点が必要であるからである。例えば，物理的な製品のデザインを発想し，プ
ロトタイプを作る場合は，生産工程をざっとイメージし，生産部門やサプラ
イヤーが少なくとも生産可能であるかどうかを念頭に置くだろう。新しいビ
ジネスモデルを提案する場合は，流通やサプライヤー，各種の関係業者との
協業の形をイメージするだろう。メンバーが意識している場合も無意識の場
合もあるが，優れたソリューションが発想される背後には，多元的視点取得
が存在すると考えられるのである。

　様々なステークホルダーの多元的視点取得から生み出されたソリューショ
ンは，あくまでチームの洞察を元にしているので現実に通用するどうかはわ
からない。そこで，ユーザーやその他のステークホルダー，チームメンバー
自身による「テスト」が必要となる。テストは他者からの言語化された評価
だけではなく，チームメンバー自身がプロトタイプを実地で試用してみた感
触なども含まれる。チームはテストを通じて，多元的視点取得を深め，必要
であるならば問題定義やソリューションの実現方法の見直しや修正を行うの
である。

デザイン思考のプロセスの特徴と多元的視点取得

　デザイン思考のプロセスの全体的な特徴にも，多元的視点取得との密接な
関係が見られる。

　第 1 の特徴は，プロセスの各段階が直線的，一方向的に進むのではなく，
プロセスのどの段階においても後戻りが可能で，何度でも試行錯誤すること
が積極的に推奨されることである。デザイン思考においては，問題定義やソ
リューションの発想，プロトタイピングは，チームがステークホルダーから
多元的視点取得して生み出された，チームの間主観的な共通認識に基づいて

行われるので，一度決めたことを前提にして進めることは危険である。何度でも多様な視点から評価し，チームの共通認識を現実との適合性のあるものに進化させる必要がある。

このデザイン思考のプロセスの非直線性，反復性は，企業にデザイン思考を導入する際に最も抵抗がある特徴である。既存の製品・サービスの改良であったり，多義性のない目標（例えば，燃費の向上）であったりするならば，目標に対しできうる限り効率的なプロセスを追求するのが合理的であろう。社員が従事する時間がコストそのものである営利企業では，プロセスがまっすぐ進まなかったり，何度も同じプロセスを繰り返したりすることは非効率であると見なされがちである。

しかし，そもそも誰に何を提供するべきかが問われるケースでは，範例や明確な目標があるケースに比べて遙かに大きな不確実性と多義性に直面することになる。効率よく何を提供するのかを決めたとしても，まったくユーザーに受け入れられない製品やサービスが事業化されれば，大きな損失を生みかねない。デザイン思考が対象とする，誰に何を提供するのかから探索するようなケースでは，チームが試行錯誤する対象は，技術的な選択肢というよりもチームが取るべき視点である。

第2の特徴は，デザイン・プロセスの各段階において，細かく拡散思考のフェーズと収束思考のフェーズを繰り返すことである。拡散思考は選択肢を増やしていくことで，収束思考は選択肢を取捨選択したり，統合したり，改良したりしながら，1つの解を導き出していくことである。

拡散思考のフェーズでは，チームは様々なステークホルダーの多元的視点取得を行うことで，新しい選択肢を増やすことができる。しかし，取得する視点の多様性が高いほど，首尾一貫性のある解を得るハードルが高くなる。例えば，ソリューションの発想において，ユーザーのニーズは満たしても，技術的に実現不可能であったり，ビジネスとして成立しないなどの問題が起こるかもしれない。そこで，収束思考のフェーズでは，オリジナルのアイディアの良さを損なわず，同時に複数視点からの適切性を満たす方法を探る必要がある。その結果，時にはオリジナルのアイディアは大きく修正される。多元的視点取得は，拡散思考のフェーズよりもむしろ，収束思考の

フェーズで難易度が上がると考えられる。

　デザイン思考のプロセスの第3の特徴は，マルチモダリティである。表現やコミュニケーションにおいて，言語だけでなく，視覚，聴覚，触覚など様々な感覚の経路を通して伝えることをマルチモダリティと呼ぶ。各種の表現のモードはそれぞれ異なるアフォーダンス（特定の結果をもたらす行為を誘発する特性）を持つため，異なるモードを組み合わせてマルチモダリティを高めることによって新しい解釈を生み出し（Kress, 2009），多元的視点取得を支援していくことができる。

　デザイン思考のプロセスにおいては，メンバー間の会話や，付箋やホワイトボードに書いた言葉や文章といった言語表現が多用されるのは言うまでもないが，スケッチ，模型，簡易プロトタイプ，写真，ストーリーボード，映像，寸劇，試用，実験，現場での体験など非言語表現を含むマルチモーダルな表現が使われる（図4.3）。表現方法に何を使うかは基本的にはメンバーに委ねられるが，場の主催者やファシリテーター等によって，マルチモダリティを高めるように誘導される面がある。例えば，ファシリテーターがメンバーに言葉だけではなく絵でも書くように勧める，チームのワークスペースに画材や模型材料など表現手段を豊富に用意する，成果発表にユーザー体験の映像も含めるように予め決めておく，などである。

　デザイン思考の第4の特徴は，チームメンバーの多様性である。デザイン思考では，人々にとって本当に必要とされるものであるか（要望度：desirability），技術的に実現できるかどうか（技術的実現可能性：feasibility），ビジネスとして持続可能であるか（経済的実現性：viability）という3つの制約条件を満たす方法を生み出そうとする（Brown, 2009）。職業的デザイナーだけではなく，技術的実現性についてはエンジニア，経済的実現性についてはビジネス・プランナーやマーケターというように，多様な職能を持つメンバーの知見が必要になる。また，すでに顕在化しているニーズだけではなく，潜在ニーズまで探索するには，多様なユーザーの視点を取り入れるために様々なバックグラウンドを持つ人が集まる方がよいと考えられる。

　しかし，チームの多様性が創造的成果を高めるという言説や仮説は多く見

■図 4.3：デザイン思考で使われる各種の表現例

写真と言語表現

ストーリーボード

紙による簡易プロトタイプ

プロトタイプを使用した寸劇

られる（Cox & Blake, 1991; Woodman et al., 1993; Amabile, 1996; Luecke, 2003）ものの，構成員の多様性が組織の成果に与える影響に関する実証研究では一貫した研究結果が出ていない（Williams & O'Reilly, 1998; 谷口, 2005;

Horwitz & Horwitz, 2007; Joshi & Roh, 2009; Joshi & Knight, 2015）。その原因として考えられるのは，多様性が組織成果にポジティブに働く側面もあればネガティブに働く側面もあることにある。

　多様性が組織成果にポジティブに働く側面としてまず挙げられるのは，異質なメンバーが集まることで均質なメンバーでは得られない新しい情報やスキルが得られることである（Williams & O'Reilly, 1998; Joshi & Knight, 2015）。一方，多様性のネガティブな側面としては，多様性が高い状態で協働しようとすると，年代，性別，学歴など社会的所属集団が異なるメンバー間のコンフリクトが生じうること（Tajfel, 1978; Ashforth & Mael, 1989; Abrams & Hogg, 1999），また，社会的類似性の低い相手とはコミュニケーションのコストがかかること（McCain et al., 1983; Pfeffer, 1985; Tsui & O'Reilly, 1989）がある。

　デザイン思考のワークショップのように，創造的成果を目指すケースにおいては，様々な情報やスキルが得られるという多様性のポジティブな側面が切実に求められる。さらに，単にたくさんの情報を集めるというだけでなく，それぞれの情報を当事者の立場で適切に解釈する必要がある。多様性は，様々な情報を多様な視点から解釈できる多元的視点取得の状態になって初めて，創造的成果につながるのではないだろうか。ただし，創造的成果が求められるケースにおいても，多様性のネガティブな側面は依然として働くことには注意が必要である。

　次に，実際のデザイン思考のワークショップにおいて，デザイン・プロセスの特徴と多元的視点取得の関係を見てみよう。

▍工学系，芸術系，ビジネスの混成チームの例

　デザイン思考のワークショップにおいて，非直線性と反復性，拡散思考と収束思考の繰り返し，マルチモダリティ，多様性という特徴がどのように現れているだろうか。

　2015 年 10 月から 2016 年 2 月に 20 週 90 時間に渡って行われた，工学系大学院生と芸術大学の学部生，企業勤務の社会人の混成チームによるデザイン思考の教育プロジェクト（東京工業大学 EDP 他, 2017）において，参加

者に振り返りのアンケートとインタビューを実施した。このプロジェクトは1チーム5-6人で5チーム，28人が参加した。各チームには工学系大学院生，芸術系大学生，社会人が含まれている（表4.1）。プロジェクトの最後には，外部チームも加わって公開のコンペティションを行い，製品・サービスを提案する背景と概要，デザイン・プロセスの紹介，ユーザー体験ストーリーの映像等を発表した。コンペティションで賞を受賞したのは5チーム中ⓐⓑの2チームであった。

　まず，デザイン思考のプロセスの第1の特徴である，非直線性，反復性については，すべてのチームで，デザイン・プロセスの大きな後戻りや反復が見られた。「テスト」がうまく行かなかったため「発想」段階に戻ったのが1チーム，「発想」でアイディアが出にくかったため「問題定義」に戻ったのが2チーム，「発想」でソリューションの絞り込みができずに「共感」に戻ったのが1チーム，「テスト」したものの「問題定義」まで戻ったのが1チームあった。これらは大きくプロセスを戻したケースのみで，細かい後戻りや反復は無数にあった。

　「テスト」から「発想」に戻ったチームⓐについて見てみよう。チームⓐ

■表4.1：プロジェクトにおける各チームの構成人数（人）

チーム	ⓐ	ⓑ	ⓒ	ⓓ	ⓔ
工学系大学院生	4	1	3	2	3
芸術大学学部生	1	2	1	1	1
企業勤務者	1	2	2	2	2
チーム人数合計	6	5	6	5	6
内，女性	0	1	1	1	1
最終提案概要	満員電車で子供を保持する器具	災害時に帰宅方向を知らせるアクセサリー型ライト	臨床心理士のカウンセリング業務を補助するシステム	車椅子使用者がアプリで周囲に助けを求めるシステム	海外日本人学生が周囲と話すきっかけとなる昼食のパッケージ
提供方法	製品	製品	サービス	サービス	製品
コンペティション受賞	○	○	－	－	－

は，満員電車で子連れ通勤する状況で，親が子供を楽に保持できるツールを
考案しようとしていた。子供を肩車する補助具を考案し，簡易プロトタイプ
を作り，ユーザー（母親）に試用してもらった。しかし，テスト結果が不評
であったため，ソリューション案の出し直しを行った。この経緯をチーム@
のメンバーは次のように述べている。

- ・一度ソリューション案ができた時点で再度ユーザーにリサーチを行ったが，危な
  い，頭上の赤ちゃんの様子が見えない，女性の体力ではムリと否定的な意見が
  多く，このままでは現実的な解決案にならないと判断し，インサイトから見直す
  こととした。
- ・肩車補助具のプロトタイプでお母さんのフィードバックを受けたが，赤ちゃんの
  よだれが垂れてくる，危ないということで，ダッコの状態で下から支えるとよい
  ということになった。
- ・赤ちゃんと大人の目線は違う，だから気付かない。
- ・ユーザーにリサーチしたことをきっかけに，より使いやすく実現可能なものに変
  わった。

チーム@は，事前にユーザー・リサーチを行ってはいたが，メンバーに子育
て経験がある者はおらず，赤ちゃんと満員電車に乗るという体験を実感とし
て捉えることができていなかった。しかし，とりあえずプロトタイプを作
り，早期に「テスト」段階に持っていくことで，チームはユーザーの視点を
取り入れることが出来，再び「発想」段階に戻ったのである。

　デザイン思考の第 2 の特徴である拡散思考と収束思考については，参加者
の振り返りアンケートによると，「十分に考えを広げることができた（拡散
思考）」で 5 点尺度中上位 2 ポイントをつけた割合は 52%，「十分に考えを
絞り込むことができた（収束思考）」は 32% で，全体として拡散思考に比べ
て収束思考に苦労する傾向があった。

　例えば，災害時の安心体験に取り組んだチーム⑤は，5 チーム中最も拡散
思考の自己評価が高かった（全チームメンバーが 5 点尺度中上位 2 ポイン
ト）が，初めはアイディアが発散し過ぎて混乱した。そこで，一度ユー
ザー・インタビューに戻って，あるユーザーが震災時に帰宅困難時になった
時に「かえってテンションが上がって不安どころか楽しかった」と述べた言
葉の意味を深く考え，状況を前向きに捉えて不安をふきとばすソリューショ

ンを発想した。この経緯をチーム⑥のメンバー達は次のように述べている。

・最初,（災害時の安心体験というテーマの）「安心」という言葉にとらわれすぎて,
　混乱した。
・不安とか安心って何だっけ？という概念の問題で迷ったりした。
・考えを絞り込むことが難しくなって一旦立ち戻る必要を感じた。「ユーザー体験
　が具体的に見えんとこれ以上解像度あがらんな」と思った。
・インタビューのある意見を掘り下げなおしてみることで,その人（ユーザー）の
　真の目的が固まった。
・不安を上書きするということはどんなことだろうと言う話になり,それは「楽し
　いこと」や「一体感」であると言うことを導き出し,その体験はなんだろう？と
　ブレストした時に,アイディアが出てきた。

このケースでは,当初,アイディアはたくさん出ても,キーワードに対する
解釈がばらばらであった。チームメンバー相互の視点取得が出来ていなかっ
たと言える。しかし,あるユーザーの言葉を深く掘り下げることを通じて,
チームメンバー間の視点取得と共通認識の醸成が進んでいったのである。

　なお,上記のチーム⑧と⑥は,コンペティションで審査委員から賞を獲得
している。後戻りや繰り返しが起きたことや,拡散しすぎて収束に苦労した
ことは,効率は悪いかもしれないが,創造的成果に対してマイナスになった
とは言えないのである。

　デザイン思考3番目の特徴であるマルチモダリティを高めることは,この
プロジェクトにおいてファシリテーターにより意識的に誘導された。画材や
工作材料,道具は豊富に用意され,紙製などの簡易なものでよいのでプロ
ジェクト早期からプロトタイプを数多く作り,プロトタイプをユーザーに見
せたり,実際に使用したり,実験することが推奨された。表4.2は,デザイ
ン・プロセスにおいてチームメンバーが有効だったと答えた表現方法であ
る。話し言葉,書き言葉以上に,模型・試作品とスケッチが高く評価されて
いるのがわかる。

　最終提案が物理的な製品であったチームは5チーム中3チームであった
が,サービスが最終提案であったチームも含め,すべてのチームがデザイ
ン・プロセスで模型や試作品など何らかの物理的なプロトタイプを製作して
いた。表4.2で最も有用性が評価されている模型や試作品は,視覚,触覚,

■表 4.2：デザイン・プロセスにおいて有効だった表現形式（n=23 の多重回答）

話し言葉	書き言葉	スケッチ	ストーリーボード	寸劇	映像作品	模型・試作品	実演・実験
65%	48%	70%	13%	17%	9%	78%	22%

持った時の感触など，最も豊かなモードを持つ表現方法である。模型や試作品は，個人の内的思考を深め，チームメンバー間コミュニケーションやアイディアの即興的な発展を促進していたという証言がチームを問わず多数みられた。

- ・1 つプロトタイプがあるだけでも色々考えをめぐらすことができて，チーム内コミュニケーションが活性化された。
- ・常に何かもやもやした状況が続いた。アプリやポイント制など，安易なゴールに向かいやすかった。とりあえず，実際にモックアップを作ると，そこからアイデアが生まれることがあった。
- ・社会人（製造業）のメンバーがいきなりプロトタイプを会社で作って持って来てくれた。これには触発された。モノがあるとアピールが強い。

　ユーザーによるプロトタイプの試用や，実験的な条件下におけるテストは，最も直接的にユーザーの視点を取得する効果があった。災害時の安心体験として，帰宅困難者のためにアクセサリーが光って色で帰宅方向を示すソリューションを考案したチーム⒝は，暗室の迷路を震災時の徒歩での帰宅状況に見立てて，プロトタイプを付けた被験者に集団で歩いてもらった。次のチーム⒝メンバーの振り返りの言葉のように，簡易な実験であっても，プロトタイプを見るだけではなかなか気付かないユーザーの集団としての行動の理解が促進されている。

- ・教室で迷路を作ったが，結構いんちきで，うっすらと見えていたと思う。ただ，実験してみて，先頭の人が道を間違えると後の人が指し示すなど，結構協力しあうことがわかった。先頭を歩くよりも，後から付いて行くのは楽なようで，周りをよく見る余裕ができる。
- ・ユーザーテストで，行けそうだ，という感触は得た。先頭の人がやたらにモノにぶつかっていたが，後に付いて行く人は楽だということを発見しただけでもやった価値があった。

　満員電車での子連れ通勤を補助する器具を提案したチーム⒜も，プロトタ

イプをユーザーである親子に繰り返しテストした。メンバーの以下の言葉からは，プロトタイプのテストを通じたユーザーの視点取得がチームメンバー間の認識を互いに近づける役割を果たしたことがわかる。

- ・実際に実験したがことが一番効果的だった。実験すると，グループメンバーで納得がいっていない人も納得できる。実験してみて，意外なことが見つかることはたくさんあった。ユーザーは自分たちとは気になるところが違う。

スケッチについては，特にチームメンバー間のコミュニケーションやアイディアの発展に寄与していたという言及がチームを問わず見られた。

- ・満員電車で赤ちゃんに気付かず人がぶつかってくる問題をどうしたらよいかと皆で考えていた時，私が何となく肩車の絵を描いたことがきっかけでアイディアが出た。
- ・芸術系の人には最初の頃から絵にしてくれて助かった。理系は絵といってもグラフとかなので。絵があると目の前にイメージとして浮かび上がる。
- ・スケッチは，グループ内，グループの外に伝え合うのに有効だった。

絵を描くことは，ファシリテーターからは技能を問わず全メンバーに推奨されたが，どうしても芸術系大学生に集中しがちであった。芸術系大学生がスケッチを通して通訳のようにメンバーのコミュニケーションを仲介する姿が多く見られた。

- ・チームには，機能的な図を描いてくれる人はいたが，人が実際使っているイメージを含めた絵を描く人は自分（芸術系大学生）以外にいなかった。そこで，自分がこういうこと？と通訳みたいになって絵にしていた。
- ・言葉遊びしすぎだと感じている。何か言葉を変えても同じこと言っているし，ということがある。そういう時に絵で描くと，一目でわかってよい。アイディアをマンガで描いて形として出すとメンバーも納得してくれたと思う。他の人（芸術系大学生以外のメンバー）は初めなかなか絵を描いてくれなかった。最後の方は少し描いてくれたが，最後まで描いてくれない人がいた。

プロジェクトでは，感覚に訴える表現方法だけでなく，問題定義やユーザー・インタビューからの洞察（インサイト）を簡潔な言語表現で表すことも要請された。この問題定義やインサイトをチームメンバー間で意識的に使うチームもあった。

- グループ内で問題定義やインサイトなどを常に言えるように意識することを心がけていた。後半にいくにつれ，その点はだんだんしっかりとしていったと思う。最初の言葉に赤字で付け足していったりした。
- バックグラウンドが違うからこそ，言葉が大切だと思った。工学系のメンバーが，特に最初のころは意識して，問題定義やインサイトなどをきちんと言葉にすること何度もしつこく言った。意識の共有に役立ったと思う。
- インサイトや問題定義を文字にしておくと，脱線しても元に戻ることができる。言葉にしておくと，安心してアイディアを広げることができた。
- やっている時は言葉にするのがつらいけど，コンセプトやインサイトが言葉になっていると，質問された時に答えやすい。今思えば。

芸術系大学生の参加者によれば，言語表現は，日頃の美術やデザイン等の制作時にも行われてはいるが，デザイン思考のプロセスほどは明示的，意識的ではないようである。

- 問題定義やインサイトなど言葉にすることは役に立ったと思う。（芸術系大学における）普段の製作では，コンセプトなど言葉を使うこともあるが，あそこまでがっつりとはやらず，もっと緩くやっている。おもしろいアイディアがきた〜，これやっちゃおう〜という感じ。おもしろいものがもっと近道で行けることもあるけど，問題定義やインサイトに合っているの？という感じでつっこまれると，裏付けがとれる気がする。その一方で，思いついてスケッチやプロトタイプを作ってから後付けで理屈をつけることもある。最初にプロトタイプ化したソリューションは何となく描いたスケッチがブレークスルーになった。どっちも組み合わせでやったらいいと思う。
- 自分は今まで（芸術系大学での）製作過程でここまで徹底して言葉にすることはなかった。このワークショップで，インサイトからそれているのではないか，どうしようかというように考えることができた。時にはそれで振り回されたり，逆につなぎとめられたり。

言語表現で定義することによって発想や議論の迷走を防ぐのは，言語表現のアンカーと呼ばれる機能である。言語表現のアンカー機能については，第5章で再び取り上げる。

　言語表現には，問題定義やインサイトなど，ある程度論理的で多義性を減らした表現だけでなく，様々に解釈できる物語り（ナラティブ表現）として語る場合がある。ストーリーボード，寸劇，映像作品などのナラティブ表現は，すべてのチームが何らかの形で使用していた。これらは主にチーム外の人に見せる動機で作られていたが，その制作過程でチームメンバー個人の思

考を深め，メンバー間の視点取得にも役立っていたことが証言されている。

- ・ムービーやマンガ（ストーリーボード）は，人にわかってもらうのに役に立った。
- ・マンガは，チーム外への説明に役に立つと思って描いたが，チーム内でも，もし認識がずれていたらいけないと思い描いた。役に立っていたかもしれない。
- ・寸劇を作るまでのプロセスでいろいろ考えるし，問題定義と照らし合わせて何度も作り直すのは効果的だった。

　前述の，災害時の帰宅困難の問題に取り組んだチーム⑤は，ユーザー・インタビューにおいて震災で帰宅困難になった時の不安な気持ちを語る人が多いのに対して，震災時にテンションがかえって上がったと答えた人に注目し，この人の体験をマンガにした。デザイン思考では，隠されたニーズや先進的な使用例を捉えるために，極端な行動をしていたり，一般的に想定されるユーザーとは異なる属性を持っていたりするエキストリーム・ユーザーの声に耳を傾けることがある。ユーザーの平均像を分析するのではなく，エキストリーム・ユーザーの唯一無二な体験を語る場合には，ナラティブ表現が適切である。チーム⑤のメンバーは，以下のように，１人の変わった人の体験も物語りとして共有してみると，本質的に同じような体験が自分自身や他者にもあることに気付いている。

- ・震災で帰宅困難になってかえってテンションが上がったという人は，（インタビューした人の中で）たった１人だけで，話を聞いた時，びっくりした。おかしんじゃないかと思った。根底に何かあるんじゃないかと思い，この人に連絡をとってもう少し聞いてみた。
- ・私はゾンビ映画好きなので，エキストリーム・ユーザーの話すことがよく理解できた。台風がくるとわくわくする，というのにも似ている。
- ・インタビューをした他の人も，震災の時，中学生だったが，学校の校庭に集まって，まわりにたくさん人がいてちょっとわくわくしたという話をしていた。美術部員がちょうどレジャーシートが部室にあったので，校庭に持って行ってその上に座っていたら，ピクニック気分かよ，と言われたそう。
- ・エキストリームユーザーの話を元にしようということになって，抽象度をあげてユーザーの体験から離れなくてもよいのではないかということになった。体験が共有されているからできたことだと思う。…それぞれ背景の違う人が自分の専門分野にこだわったり，抽象的な話をするよりは，１人の体験を物語りとして，グループで共有したのがよい。

ナラティブ表現の効果については 4.2 および 5.2 で詳しく扱う。

　デザイン思考の第 4 の特徴であるチームメンバーの多様性として，このプロジェクトでは，工学系，芸術系の学生と社会人がほぼ均等に分散するようにチームが編成されている。多くの参加者が，事後インタビューやアンケートで，自分とは異なる属性を持つ人がもたらす情報，技能，視点，思考法について新鮮な驚きを持って言及している。特に，最終発表で賞を獲得した 2 チームでは，多様性がもたらすポジティブな側面に言及することが多かった。

・グループメンバーの専門分野がまったく違う点がとてもおもしろく，少し言葉を放つとたくさんの知識が返ってくることが楽しいと感じた。（芸術系大学生）
・頭の中をさっと形にできる人がいると強い。自分がそういうタイプではないのでとても助かった。非常にいい（工学系，芸術系，社会人の）バランスに思えた。（工学系大学院生）
・芸術系の人は直観型で，これおもしろい！という感じでやる人が多いと思う。工学系の人はロジックで考え，下から積み上げていく感じ。直観を使うことが少ない。芸術系の人も，直観的に出たものを説明するためのロジックは必要だと思う。説明するための練習にはなったと思う。その一方で，何だかわからないものを絵などで表現することは大切だと思う。（芸術系大学生）
・芸術系学生の方がより感覚的。グループで 2 人の芸術系生は，社会人や自分（工学系）に対して，論理的だな！とよく驚いていた。芸術系生は自然に手が動く。脳のアウトプットが直接手に出るのだと思う。工学系生は，理性を挟んで言語で出る。扱うテーマによって，絵がいい時と，言葉がいい時がある。（工学系大学院生）
・ロジカルな視点と，とにかく作って試してみる視点の両方が大切であると言うことに気付くことができた。（芸術系大学生）
・バックグラウンドの違う人が集まったのにスムーズに進みすぎてこわいぐらいだった。みんな他の人を否定することがない。「でも」「けど」と言わない。（芸術系大学生）
・デザインをしていることで客観視する癖がついている。エンジニアや研究者は入り込む傾向にあり，脇道にそれて無駄な話が続いた時にそれは今話すことじゃないよね，というように方向修正するようにしていた。作り込もうとする時に，今そこじゃないよねとか，どちらかに決めなくてはという感じになった時に，今時間をとって決めなくてもいいよねとか。（芸術系大学生）
・このプロジェクトで考え方が変わった。それまでビジネスには関心がなかった。ビジネスに偏見を持っていたのが，ビジネスに興味を持つようになった。起業し

ようとまでは思わないけど，技術だけでなくビジネスも大事と思うようになった。（偏見とは？）なんでそんな仕事をしてお金もらえるの？とか思っていた。ものづくりがえらいと思っていた。営業とかの人に対して，何を作っているの？とか思っていた。（工学系大学院生）
・価値や概念が金になるんだということがわかった。（工学系大学院生）

　その一方で，社会的類似性の低さによるコミュニケーション不全や，所属集団の違いによる疎外感など多様性のネガティブな側面も見られた。そのためにデザイン・プロセスが停滞したチームも見られた。

・言いたいことが互いに伝わらないというのはわりとよくあった。例えば，一本足にタイヤをつけようという案が出た時に，機械系の人は力学的にだめだと思ったが，それが機械系ではない人にはうまく伝わらなかった。絵に描いてもそれは伝わらない。結局，実際に作ってみて，ああ，なるほど，と納得してもらえた。（工学系大学院生）
・最初に取り組むテーマが，各人のバックグラウンドに理解が大きく左右される技術的用語を含んでいるので，まず方向を定めるのが大変で，デザイン・プロセス自体に集中できなかった感触があります。（工学系大学院生）
・メンバーはそれぞれ考えるプロセスが違う。言葉が伝わらない。最初はみんな頭が良さそうと思って遠慮していたが，だんだん自分の言いたいことを言うようになって，でも伝わらなかった。（芸術系大学生）
・芸術系の学生達はアウェイ感があって少し遠慮していた。（工学系大学院生）
・デザイナーは，まったく違う視点をもたらして，思いがけないアウトプットを生む可能性があるということは実感した。しかし，議論が予想外の方向にすすむので，コントロールできない。（社会人）

　第2章，第3章のビジネス企画，ハードウェア開発，ソフトウェア開発チームの実証研究では，チームメンバーの多様性は創造的成果に直接効果はなかったが，多元的視点取得を媒介して間接効果が見られた（共観創造メカニズム）。チームメンバーの多様性にはチームの成果にネガティブに働く側面が確かにあるものの，共観創造メカニズムが優勢な場合には，多様性を生かした創造的成果につながると考えられる。

4.2 ▶ デジタル・ストーリーテリング

デジタル・ストーリーテリングに組み込まれた多元的視点取得

　デジタル・ストーリーテリングは，写真や絵などの視覚素材を構成して紙芝居のように見せながら，製作者自身の語りを入れて製作する，映像によるナラティブ表現（物語り）である。その起源は，映像作品の製作を専門家だけでなく，広く一般市民に拡げて行こうとする 1970 年代から 1980 年代にかけて米国西海岸で起こった草の根芸術活動である。1990 年代に，パーソナル・コンピュータやデジタルカメラ等の映像製作に必要な機材が誰でも手軽に利用できるようになったことから，デジタル・ストーリーテリングは急速に広がった。適用分野は，映像芸術のみならず，新しい形のメディア，教育，セラピー，公共ヘルスケアやソーシャル・サービス等の市民運動，ビジネスなどに広がり，北米だけでなく，ヨーロッパ，オセアニア，アジア，アフリカ，南米でもデジタル・ストーリーテリングのワークショップが開催されるようになった。1998 年には，デジタル・ストーリーテリングの普及促進のため，米国カリフォルニア州 Berkeley に Center for Digital Storytelling（2015 年に Story Center に改称）が設立されている（Hartley & McWilliam, 2009; Lambert, 2013; 西岡, 2014）。

　Center for Digital Storytelling の設立者の 1 人である Lambert は，デジタル・ストーリーテリングの構成要素を 7 つ挙げている。自己開示的であること，個人的あるいは 1 人称であること，語り手のリアルな体験シーン，写真，サウンドトラック，5 分以内の短くシンプルな映像，製作プロセスと配布のすべてが語り手のものであることである（Lambert, 2013）。これらの要素に加えて，Hartley & McWilliam（2009）は，ワークショップ実践を挙げている。デジタル・ストーリーテリング作品は個人が製作し，製作者自身の個人的な物語りが語られるものであるが，孤立して製作されるのではない。多くの場合，ワークショップ（ストーリー・サークルと呼ばれる）に参加し，ワークショップ参加者が互いに話し合いながら製作を進めていく。

　デジタル・ストーリーテリングは，ナラティブ表現の一種である。ナラティブとは，一連の出来事に対する系統だった解釈である（Murray, 2015）。

ナラティブ表現は，普遍的な真理や論理的な一貫性を追求するのではなく，偶発的，文脈依存的な出来事を一定の視点で語ることを通じて，世界，他者，そして自己を解釈し，理解させる（Murray, 2015; Bruner, 1996）。視聴者が物語りに入り込むことは，つまり，視聴者がナラティブ表現を通じて語り手や登場人物の視点を取得することである。ナラティブ表現は，人間があらゆる知識を口頭伝承してきた古い時代から続く，多元的視点取得の技法であると見ることができる。

Bruner（1996）は，人間の思考の形式として，ナラティブ・モード（narrative mode）と論理科学モード（logical scientific mode）の2つのモードがあることを提唱した。論理科学モードは，物事を因果的にかつ脱文脈的に説明する思考形式であるのに対し，ナラティブ・モードは，特定の文脈下でたまたま起こった一連の出来事を解釈する思考形式である。問題が定まっている時の問題解決には論理科学モードが効率的であるが，そもそも問題が何かがわからない状態下での問題発見にはナラティブ・モードが適している。特定の文脈において起こった一連の出来事を解釈することを通じて，問題の所在について新たな理解を得るのである（表4.3）。創造的成果が求められるのは問題発見的な状況であり，ナラティブ・モードが効果的になる。前節で見たとおり，デザイン思考のプロセスでストーリーボードや寸劇，映像作品などナラティブ表現が多用されるのは，ナラティブ・モードによって問

■表4.3：論理科学モードとナラティブ・モード（Bruner, 1996; 2003 を参考に著者作成）

	論理科学モード	ナラティブ・モード
主な働き	理論による因果的説明	解釈による理解
文脈依存性	脱文脈的，一般化	文脈依存，歴史依存
解釈	一義的であろうとする	多義性を許容
感情，感覚，個人的経験	可能な限り排除	正面から取り扱う
評価基準	客観的な証拠と論理的な一貫性	物語りとしての一貫性，真実味
適している状況	問題解決	問題発見
各モードが優位な実践現場	科学研究，学校教育，ビジネス	日常生活，芸術，娯楽，ビジネス

題の所在自体を問い直すからである。

　デジタル・ストーリーテリングには，ナラティブ表現が持つ一般的な性質に加えて 2 つの特徴がある。

　第 1 に，本人が語りを吹き込み，同時に画像を見せるというマルチモダリティがあることである。物語りにすること自体が思考形式としてのナラティブ・モードを引き出す性質があるのに加え，音声と画像で表現されることにより，文章だけで同じ物語りを読むのとは異なった意味解釈，理解を生み出していく可能性がある（Kress, 2009）。前節のデザイン思考でも見たとおり，マルチモダリティは自分自身や他者の理解を深め，新しい視点を引き出す効果がある。

　第 2 の特徴は，ワークショップ形式で製作を進めることを通じて，他者との相互作用が積極的に促進される点である。デジタル・ストーリーテリングのワークショップにおいては，参加者が互いの製作過程を見せ合い，他者のフィードバックを受けて内省を深める。また，ワークショップ内に留まらず，デジタル・ストーリーテリング作品をワークショップ参加者以外に発表することが多く，ネット等を通じて広く公開し，一般視聴者の反応を知る機会が用意されている場合もある（Robin, 2008; Hartley & McWilliam, 2009）。デジタル・ストーリーテリングには，製作者（＝ワークショップ参加者）がワークショップの他の参加者および視聴者との相互作用を通じて，多元的視点取得する仕組みが組み込まれていると言える。

　ビジネス分野にデジタル・ストーリーテリングを応用する場合は，論理的な一貫性や客観的な証拠は組織に受け入れられるのに欠かせないため，論理科学モードとナラティブ・モードの混合になると考えられる。実際，ビジネスにおいて公式の文書等は基本的に論理科学モードの形式で出来ている。その一方で，プレゼンテーションやトップのスピーチには，論理科学モードに加えて，画像がふんだんに使われ，しばしば視聴者の感情，感覚，記憶に訴えるエピソードが取り入れられている（Denning, 2007）。論理科学モードは問題解決のための分析には適しているものの，そもそもの問題の所在を問うコミュニケーションには適していないからである（Bruner, 1996; 2003）。特に，新しいビジネスを企画するような状況においては，潜在ニーズや潜在

ユーザーの探索などがしばしば重要課題となるので，企画者自身に問題や選択肢を発見するためのナラティブ・モードの思考が求められ，同時にチームのメンバーや協力者に対するコミュニケーションにおいても，論理科学モードだけでなく，ナラティブ・モードが有効になると考えられる。

　次に，ビジネス企画へのデジタル・ストーリーテリングの適用例を取り上げ，デジタル・ストーリーテリングが視聴者に与える影響について見る。

■ビジネス企画のデジタル・ストーリーテリングの例

　2014年4月～7月に，ビジネス企画のためのデジタル・ストーリーテリングのワークショップを1.5時間×10セッション実施した。参加者は，社会人2人と技術経営専攻の大学院生4人合計6人である。6人の内4人が非営利を含む起業経験がある。研究者と新規事業企画専門のコンサルタントの2名がファシリテーションを行った。ワークショップの参加者は，起業や社内の新規事業に関して「何をやりたいのか，なぜやりたいと思ったのか」を表現するデジタル・ストーリーテリング作品を製作した。参加者は作品の製作に入る前に，企画の概要とその理由についてワークショップ内で3分間スピーチを行い，自分史を作成し，自分史と企画との関係を発表した。作品の製作プロセスは，まずストーリーボードを作り，シーン毎に写真や絵を用意し，ナレーションを自ら吹き込み，5分程度の映像作品に仕上げた。製作の途中でも，ストーリーボードや製作途中の作品をワークショップ内で発表する機会が設けられた。ビジネス企画のテーマは，新しい宅配サービス，不用品交換システム，新しい語学学校の構想，故郷の特産品の販促等である。作品の一例を図4.4に示す。

　ワークショップの最後には，技術経営系の大学院生と社会人を視聴者として，完成した6つのデジタル・ストーリーテリング作品の上映が行われ，また，後日オンラインでも作品の公開が行われた。視聴者は質問票に作品評価と自由回答のコメントを記入した。質問票の回収数は，合計74である。

　各作品は，主人公の主観的な視点から語られるナラティブ・モードが主になっている部分（以下，ナラティブ部と呼ぶ）と，客観視点から説明されている論理科学モードが主になっている部分（以下，論理部と呼ぶ）の両方を

含み（図 4.5），ナラティブ部は上映時間中平均 49％ を占めていた。なお，作品にナラティブ部だけではなく論理部を入れることと，ナラティブ部と論理部の配置は製作者が自発的に決めたものであり，ファシリテーターが指示

■図 4.4：デジタル・ストーリーテリング作品例
　　　　「中国における新たな宅配サービス」

モード	ストーリーテリング
論理部	私は荷物を届けることを通じて，人々の心を繋げる宅配便システムを中国で作りたいと考えています。
ナラティブ部	小さい頃，私の両親は海外赴任の為，私と離れ離れで暮らしていました。そして転校ばかりしていたので，私の記憶の中ではずっと一人ぼっちでした。  そんな時，父が私の誕生日プレゼントとして日本の漫画をくれました。中の主人公たちはどんなことがあってもあきらめず，他人より何倍以上努力し続けてきた結果，沢山の仲間に恵まれていました。  その影響を受けていた私も，少しずつ明るくなって，積極的に人と話せるようになりました。日本のアニメが好きになったきっかけで，私は関連グッズもついついたくさん買ってしまい，クローゼットの中に収納しきれなくなったこともありました。 

ナラティ
ブ部

2008 年の夏，私は日本にやってきて，接客されたり，様々なサービスを受けたりして，初めて日本というサービス大国を実感することができました。

　また，アニメ関係のコレクションやフィギュアなどに触れる機会が増えたことがきっかけで，中国国内にいる多くのコレクターたちと出会い，代理購買をはじめました。

当時，私は依頼された一つ一つの商品を丁寧に梱包しました。なぜならコレクターにとって，商品の箱やパッケージはその中身と同等の価値があるからです。凹みなどがあるかどうかを検品した後，中国国内にいる友人の所へ送り，その友人が受け取った荷物を仕分けして，それぞれ依頼主の住所に発送するという流れでした。

しかしある日，友人がフィギュアの箱はどうせ開けた後に捨てるからという理由で，無理やりひと回り小さな段ボール箱に入れて発送してしまいました。その結果，届いた商品の箱が潰されて，依頼主からのクレームが殺到してしまいました。全額返金や賠償など痛い目に遭っただけではなく，コレクターたちを失望させ，信用も大きく失いました。

それ以降にも，こちら側のミスではないですが，毎月必ず希望した曜日に届かなかったり，勝手に箱を開けられたりすることがありました。たまに，中身がすり替えられることもあり，不愉快な思いを何度もしていました。

（図 4.4 つづき）

ナラティブ部	そこで，思い出したのは日本の宅配便サービスです。どんな時期や天候でも指定された時間帯に配達をし，「重いからお気をつけてくださいね」という言葉を掛けるなど，待っていた荷物が届いた嬉しさと，暖かい気持ち両方を受け取れる素晴らしいサービスでした。 　日本は中国の宅配便サービスと違い，単に荷物を時間どおりに壊さずに届けるという最低限の条件を満たしているだけでなく，お客様の思いを形にして届けるというところに私は大変感銘を受けました。
論理部	「運送行為は委託者の意思の延長と知るべし」，それは日本における小口配送のパイオニアであるヤマト運輸の社訓です。その理念に基づき，ヤマト運輸の宅急便サービスは，物流の革命を次々と起こして行ったのです。 　例えば，ゴルフ場にいるお客様の荷物を代わりに運んであげたいという思いから，ゴルフ宅急便が誕生しました。大きな荷物を持たず気軽に移動できる手ぶら文化が振興するようになります。 　そして，クール宅急便の誕生で，今まで届けることができなかった地域の美味しい食材や，お店や家庭の食卓に新鮮なまま並べるようになりました。こうして，1つの荷物を込められたお客さんの思い，それをつなぐ宅急便はやがて社会に欠かせないものになり，生活にあって当たり前なものになっていたのです。
	私は自分の住んでいる町上海にも，このようなサービスがあったらいいなぁと思っていました。上海では定期的にアニメ関係のイベントを開催され，フィギュア等のコレクションが一番売れている町にもかかわらず，交通渋滞がひどくなっています。 　調べると，上海の宅配環境は，倉庫内の荷物が溢れ出したり，作業員が客様の大切な荷物の上でピッキング作業を行ったりするなど，日本では考えられない環境でした。 
	物流に対する文化の違い，そして物流基盤の遅れなどの現状から，上海で地元の宅配業者に日本のノウハウを導入させることにより，新たなサービスを生み出したいと私は考えています。 

（図 4.4 つづき）

	最初は，既存の宅配業者が持つ物流センターを使う為，より頑丈な箱を用意します。お客様の荷物をしっかりと保護し，破損を防ぎ，高い信頼感を持ってもらうためです。 　そして，上海では，今まで重さと大きさによる配達料金で決められている為，配達員がくるまで正確な料金はわからない現状です。それに対して，ゆうパックのようなサイズのみを基準で，細かい計算方法を省略します。 
論理部	また，セールスドライバーが運ぶものは単なる荷物ではなく，お客様の夢や思いだという考え方を含めて，人材育成したいと考えています。より早く，より高い品質で届けることで，やりがいを実感させます。 　さらに，集荷の時に，お客様の需要を聞きます。宅配限定のカタログ販売をしたり，簡単な健康検査を行ったり，新たな付加価値を提供できる仕組みを作りたいと私は考えています。 　今後，お客様への信頼性を蓄積し続ければ，フィギュア分野に留まらず，芸術品やブランド品にも展開したいと思います。 　「荷物の繋がりから，心の繋がりへ」という日本の物流理念を通じて，いつか上海にいる人々のライフスタイルも変えていきたいと思っています。 （417 秒）

■図 4.5：各作品の構成（数字は秒数）

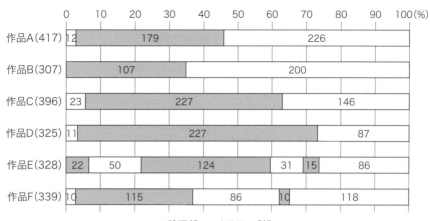

□論理部　■ナラティブ部

■図 4.6：従来のプレゼンテーションに比べた場合のデジタル・ストーリーテリングの効果
（n=74）

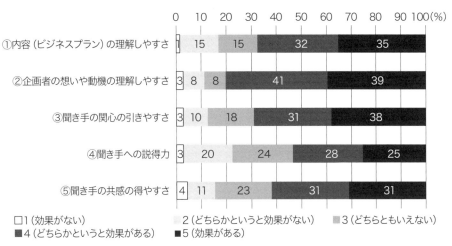

□1（効果がない）　　　　　　　　　■2（どちらかというと効果がない）　　　　■3（どちらともいえない）
■4（どちらかというと効果がある）　　■5（効果がある）

することはなかった。

　6 作品の上映後に，ビジネス企画のデジタル・ストーリーテリング作品の
効果を，従来の（論理部がメインの）プレゼンテーションと比較して視聴者
が評価した結果が図 4.6 である。デジタル・ストーリーテリングは，企画者
の想いや動機の理解のしやすさ，関心のひきやすさ，ビジネス・プランの理
解のしやすさ，共感の得やすさ，説得力の順に評価されているが，いずれも
「どちらかというと効果がある」以上の評価をつけている回答者が半数を超
えている。企画者の想いや動機，関心，共感といった，ナラティブ表現の効
果が現れやすい，感情や感覚に訴える側面だけでなく，内容の理解や説得力
といったどちらかというと論理的な側面にも効果が認められている。

　各作品に対する視聴者のコメント（自由回答）は，表 4.4 に示すとおり，
ビジネス・プランのコンセプト，視聴覚表現，ビジネスの方法に関する言及
が多かったが，それらに次いで多く見られたのがエピソードとビジネス・プ
ラン（ナラティブ部と論理部）のつながりに関する言及で 83 コメントあり，
全コメントの 12%を占めた。その内訳は，肯定的コメント 53，否定的コメ
ント 30 で，肯定的コメントの 98%が下記のように，企画者が自分の経験

■表 4.4：作品に対する視聴者のコメントの内容内訳

コメント内訳	コメント数	典型的なコメント
個別のコンセプトに対する評価	216 (31%)	「新しいニーズを掘り起こしている」など
個別の視聴覚表現について	123 (18%)	写真の使い方，ナレーションの音質
個別のビジネスの方法の評価	109 (16%)	「コストがかかりすぎる」など
エピソードとビジネス・プランのつながりについて	83 (12%)	
内，肯定的コメント	53	「自分の経験からビジネス・プランを立てているのがよい。自分にも似た経験がある」
否定的コメント	30	「エピソードとビジネスのつながりがわからない」
証拠・既存例との比較の不足	42 (6%)	データ，比較対象事例など根拠不足の指摘
聞き手の共感について	24 (3%)	「共感した」など
企画者の動機について	20 (3%)	「動機が伝わった」など
新しいアイディアの提案	16 (2%)	具体的なアイディアの提供など
製品の説明について	12 (2%)	製品の効能についてなど
全体的な印象	41 (6%)	「良い」など内容に踏み込まない評価
その他	5 (1%)	
総コメント数	691	

（又は，現実味のあるストーリー）からビジネス・プランを立てているので良いという内容であった。

- ・自分の経験から，日本のリサイクルの問題を発見し，今の案を出すのは説得力ある。
- ・自分の経験とビジネスの起業がよく繋がっていると思います。
- ・個人の話で引き込まれ，ビジネス・プランに聞き入ってしまった。

　さらに，自分の経験からビジネス・プランを立てているのでよいというコメントのうち，35%は私（視聴者自身）にも似た経験があると述べている。

- ・実は私も同じ悩みを持っています。だから，このアイデアは非常にいいと思います。
- ・私もアルバイトでサービス業をしていますので共感できる部分がありました。

　一方，否定的コメントは，エピソードとビジネス・プランのつながりが不
十分という内容であった。

- ・ストーリーとしては面白いが，何のためにそのストーリーを話しているのかわか
　らない。
- ・初めの方に出てきた登場人物はこのビジネス・プランにどう関わっているのかわ
　かりませんでした。

　個別の作品に対する視聴者の全体評価（10点満点）と項目別の評価（「と
てもよくあてはまる」から「まったくあてはまらない」までの5点尺度）を
図4.7に示す。全体評価，「ビジネス・プランの内容がよく理解できる」と
いった論理部の評価，「企画者の想いや動機がよく理解できる」といったナ
ラティブ部の評価，および全体構成や説得力などすべての項目について，作
品Aが最も高く評価され，Bがそれに次いでいる。AとBは論理部とナラ
ティブ部のそれぞれ個別の完成度に加えて，両者のつながりがよくわかる構
成であることが全体の評価を高めていると考えられる。対照的に，Fは全体
評価とほとんどすべての項目で最も低く評価されている。

　A,BとFの中間にあるC,D,Eは，全体評価はC＞D＞Eの順であるが，E
は項目によってC,Dよりも評価が高い所がある。C,Dが平均的であるのに
対して，Eは長所と短所を併せ持っていると言える。Eに注目して見てみる
と，「ビジネス・プランの内容がよく理解できる」，「ビジネス・プランの着
眼点がよい」といった論理部に関する項目と，「企画者の想いや動機がよく
理解できる」「製作者の個人的経験による表現がよくできている」，「語られ
ていることにリアリティがあった」といったナラティブ部に関する項目では
C,Dより高く評価されている一方で，「全体の構成がよくできている」，「ビ
ジネス・プランの説得力が強い」は評価が低かった。論理部やナラティブ部
が個別によくできていても，ナラティブ部と論理部の構成がうまくできてい
ないと説得力が低くなることが示唆されている。Eの構成に問題があること
は自由回答のコメントからもわかる。表4.4に示した，論理部とナラティブ
部のつながりに関するネガティブなコメント（エピソードとビジネス・プラ
ンのつながりが不十分）30のうちEが半数の15を占めている。また，作品
の構成（図4.5）で，A,B,C,Dはナラティブ部が論理部に分断されることが

1度もないが，Eではナラティブ部が論理部に細かく分断されている。ナラティブ表現は一連の出来事の連鎖によって意味を伝えるので，論理科学モードによって中断されると視聴者のストーリー全体に対する解釈が妨害されると考えられる。

　また，EはC,Dに比べ，ナラティブ部の評価において，「製作者の個人的経験による表現がよくできている」，「語られていることにリアリティがあった」は高く評価されているのに関わらず，「自分も同じような経験をしたことがあると思った」の評価は低い。リアリティがあり，話としてはよく出来ているナラティブ表現であっても，視聴者自身の経験との共通性が見出しにくいナラティブ表現は，効果が低くなる可能性がある。

　視聴者のコメントおよび作品評価から，ナラティブ表現とビジネス・プランの個別の完成度に加えて，ナラティブ表現が視聴者の経験との共通性を感じさせ，ビジネス企画者の個人的エピソードとビジネス・プランとのつながりが示されることがビジネス・プランそのものの説得力を高める可能性があることが推察できる。

　特に，多元的視点取得との関係で注目すべきは，ナラティブ部と論理部のつながりに関する肯定的なコメントの3割以上が「自分にも似た経験がある」と述べており（表4.4），また，項目別評価「自分も同じような経験をしたことがあると思った」の順位は，全体評価ときれいに一致している点である（図4.7）。視聴者は製作者の視点を取得して物語りに入り込み，その視点で自分自身の個人的経験を見ている。Galinsky et al.（2005）が「認知的表象における自己と他者のオーバーラップ」と呼ぶ現象である。他者の行動を見て，自分にも覚えがある（まったく同じ経験である必要はなく，何かしらの共通性がある）と感じることが，様々な他者の視点を取り入れていくことを可能にしているのではないだろうか。

　デジタル・ストーリーテリングは，視聴者に対してインパクトを与えるだけではなく，ワークショップの他の参加者との相互作用を通じて，製作者側に内的変化を起こすことが意図されている。ワークショップの他の参加者との相互作用がデジタル・ストーリーテリングの製作者にどのような影響を与え，ビジネス・プランをどのように変化させたかについては，第5章で詳し

図 4.7：各作品に対する視聴者の評価（n=74）

全体評価

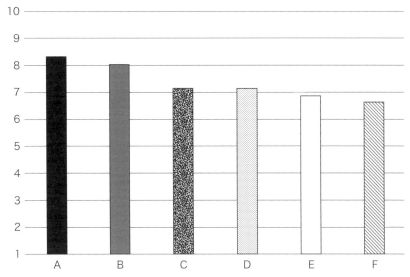

項目別評価

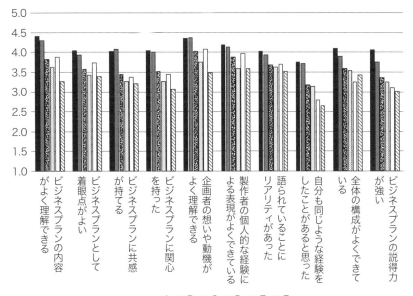

■A ■B ▨C ▢D □E ◩F

Friedman 検定（対応のあるノンパラメトリック検定）で，いずれの項目も p＜0.01

く検討する。

▌第 4 章のまとめ

本章では，チームで創造的成果を生み出す実践の形として，デザイン思考とデジタル・ストーリーテリングを取り上げ，多元的視点取得を促すしくみがどのように組み込まれているかを見た。

デザイン思考のプロセスの非直線性・反復性，拡散思考と収束思考の繰り返し，マルチモダリティ，チームメンバーの多様性は，多元的視点取得と密接な関係がある。問題設定から問われる状況において，チームが取るべき視点を試行錯誤しながら探索するのにプロセスの非直線性・反復性は欠かせない。また，多元的視点取得は，拡散思考において新しい選択肢を増やすだけでなく，収束思考においても複数視点からの適切性を満たす方法を探るのに不可欠である。様々な感覚の経路を通して伝えるマルチモダリティは，多様な解釈を生み出し，多元的視点取得を支援する。メンバーが多様なチームにおいて多元的視点取得が高まれば，様々な情報が得られるだけでなく，それぞれの情報を当事者の立場で適切に解釈することができる。

デジタル・ストーリーテリングは，特定の文脈下で起こった一連の出来事を解釈する思考形式である**ナラティブ・モード**を促すナラティブ表現の一種である。ナラティブ表現は語り手や登場人物の立場になることで視点取得を促す性質を持つが，デジタル・ストーリーテリングはナラティブ表現一般の性質に加えて，画像と製作者自身の語りで構成するマルチモダリティと，ワークショップ形式で他の参加者や視聴者との相互作用が用意されていることを通して，多元的視点取得を強化する仕組みが組み込まれている。

ビジネス企画のデジタル・ストーリーテリングでは，製作者が自発的に，ナラティブ・モードが主になる部分に加えて，物事を因果的にかつ脱文脈的に説明する思考形式である**論理科学モード**が主になる部分を入れて構成していた。視聴者の評価が高かったのは，ナラティブ表現と論理の個々の完成度に加え，両者のつながりがよくわかり，かつ，**自分にも似た経験がある**と視聴者に思わせる作品であった。他者の行動を見て自分にもどこか共通性があると感じることが，様々な他者の視点を取り入れていくことを促している可能性がある。

第5章

多元的視点取得を高める工夫

― マルチモダリティとナラティブ・モード ―

　特別な才能を持っていない人々がチームとして創造的成果を求める実践としては，第4章で取り上げたデザイン思考（Kelly & Littman, 2001; Brown, 2009）とデジタル・ストーリーテリング（Hartley & McWilliam, 2009; Lambert, 2013）の他にも，人間中心デザイン（ISO9241-210）（黒須, 2013），参加型デザイン（Schuler & Namioka, 1993），UXデザイン（安藤, 2016），サービスデザイン（Shostack, 1984），クリティカル・デザイン（Malpass, 2019）など，様々な名称の試みがある。これら創造的成果を求める実践で使われているプロセスや諸手法は，工業デザイン，ソフトウェア開発，建築，都市計画，ビジネス・プランニング，教育，臨床，市民活動，草の根芸術活動など，領域の異なる文脈の中から経験的に生み出されたものである。したがって，それぞれに特徴，流儀の違いがあるのは当然であるが，いずれも創造的成果を目的としており，領域や実施主体の境界を越えて学び合い，効果的なやり方であれば互いに積極的に採り入れる傾向が強い。そのため，これらの創造的成果を求める実践には，名称，領域，実施主体が異なっていても共通する特性が見られる。

　本章では，創造的実践に共通して含まれる特性の中でも，様々な感覚に訴える表現を重層的に利用すること（マルチモダリティ）と，物語ること（ナラティブ・モード）という2つの要素に焦点を当てる。第4章でも見たとおり，マルチモダリティとナラティブ・モードは，チームの活動プロセスに意識的に仕掛けることが出来，チームの多元的視点取得を促進して共観創造につなげる工夫として有効であると考えられるからである。

5.1 ▶ マルチモダリティ

▌マルチモダリティと多元的視点取得

　モノを他者と共に観るという行為は，人間のコミュニケーションの原点である。人間の発達段階においては，生後1年頃までに，他者と同じ対象に注意を向ける共同注意，他者の指さした対象の確認，自らの指さし行為を行うようになり，乳児本人，他者，対象（モノ）の三項関係が形成されるようになると言われている（Carpenter et al., 1998; Tomasello, 1999; Liszkowski et al., 2004）。例えば，言葉を話し始める前の赤ちゃんに，親がワンワンだよと犬を指さすと，赤ちゃんもその方向に目を向け，自分も指さしを行う，といった乳児の日常によく見られる光景である。第1章でも述べたように，この共同注意は，他者の立場に立ってみること，すなわち，視点取得の始まりであると考えられている。

　創造的成果を求めるチームの活動においては，チームメンバーが多様な種類の表現物に対して共同注意を向ける。付箋やホワイトボードに書いた言葉，スケッチ，模型，ストーリーボード，映像などである。各種の表現方法は，それぞれ独自の感覚経路（モード）を持つ。多様な表現方法の使用によって，マルチモダリティが高まると，提供されるアフォーダンス（特定の結果をもたらす行為を誘発する特性）も多様になるため，発想やコミュニケーションが刺激され，新しい解釈が生み出されていく（Kress, 2009）。4.1のデザイン思考の事例でも見られたとおりである。

　創造的成果を求めるチームのプロセスにおいては，各種の表現は3層の相互作用を媒介していると考えられる。第1層は個人の内的イメージと表現物の間の内的な相互作用，第2層は表現物に媒介されたチームメンバー間の相互作用，第3層はチームメンバーとチーム外部のステークホルダーの相互作用である。第2層には第1層が，第3層には第1，2層が埋め込まれた関係にあり，各層の相互作用で生まれた認識や表現の変化は他層にも影響することになる（図5.1）[1]。

　第1層は，表現を介した自分自身との対話と言える。須永（1991）によると，デザイナーは，内的に持つ概念をスケッチなどの形でモデル世界として

■図5.1：表現が媒介する相互作用の3つの層

表現し，自ら表現したモデル世界を再び経験し，内部の概念世界を発展させ，再び表現するという無数の往復運動によって，実体世界に製品・サービス等が実現されるだけのリアリティを獲得していく。モデル世界の表現には，言語も使われるが，デザインする人の身体がモデル世界と直接記号を介さずに相互作用することのできる，メディア（例.紙と鉛筆）やプロトタイプが頻繁に使われる。身体に直接働きかけてくる表現は，デザインする人の内世界とのかかわり合いを深める役割を果たす（須永，1991; 渡辺，2014）。チームメンバーの1人が自分のアイディアをスケッチに描く例を考えると，個人の内なる概念がスケッチという形で表出され，それを本人が見て感じて，また手を動かす過程を繰り返すことによって内的なイメージを発展させるのが第1層である。

　第2層は，メンバーの表現に媒介されたチーム内の相互理解と創発である。例えば，あるメンバーのスケッチを他のメンバーが見ることで，描き手の視点が他のメンバーに伝わりやすくなる。さらに，他のメンバーが感想を述べたり，元のスケッチに新しい要素を描き加えたりするなどして，他のメンバーの視点が明らかになり，互いのイメージが理解できるようになり，個人では成し得なかったアイディアの発展が得られることがある。

第3層では，チームメンバーがチーム外部のステークホルダーにプロトタイプや図，映像等の表現を見せて，その反応や意見，評価から外部の視点を取得する。第4章で紹介したデザイン思考のプロセスにおける「テスト」とは，最も重要なステークホルダーであるユーザーとチームメンバーの間のプロトタイプを介した相互作用であると言える。ユーザーの他にも，企業であれば上司や経営層，サプライヤーなど，公共性の高いデザインであれば一般市民などの様々なステークホルダーに理解を得たり，協力を要請したりするためにも，各種の表現方法が使われる。得られた外部の視点はメンバーによってチームに持ち帰られ，改めてチームで議論し（第2層），個人としてもイメージを深めて（第1層），表現だけでなくアイディアそのものが変化していく。

　表現のマルチモダリティが高まるほど，3つの層いずれにおいても，多元的視点取得につながる相互作用が起きやすくなると考えられる。第1層は，個人の内的な過程であり，他者が直接関わるわけではない。しかし，他者が見ること前提として製作された絵や模型等外的表現が個人の内的なイメージを変えるということは，第1層においても，本人がこれまで自分の中に取り入れてきた他者の視点が間接的に影響を及ぼしていることを示唆している。第2層では，チーム内コミュニケーションのマルチモダリティによって，チームメンバー間で相互理解が進んだ結果，チームメンバー自身の視点，および，他のメンバーが言及する他者（例えば，ユーザー）の視点が引き出されやすくなり，チームとしての多元的視点取得につながっていくと考えられる。第3層では，最も直接的にチーム外のステークホルダーから多元的な視点取得につながる刺激を受ける。その際，新しい製品やサービス等のアイディアが言葉だけでなく，実物のプロトタイプやユーザー体験を物語りにした映像などで表現されれば，日常的にコミュニケーションしているわけではない外部のステークホルダーにとって容易に理解ができるようになり，評価や情報提供をしやすくなるであろう。表現のマルチモダリティをうまく使えば，ユーザーによるデザインや公共デザインにおける市民参加など，ステークホルダーのデザイン・プロセスへの直接参加が可能になる場合もある。

　第2章，第3章で分析したビジネス企画，ハードウェア，ソフトウェアの

技術開発プロジェクトについての質問票調査で，表現のマルチモダリティと
多元的視点取得の関係を見てみよう。マルチモダリティを，表現方法や情報
を受け取る経路の種類数として，表 5.1 に示した 11 種類の表現方法のうち，
5 点尺度の上位 2 ポイントを付けている種類数を指標にすると，すべてのタ
スク群で，マルチモダリティと多元的視点取得は 0.54～0.55 程度の正の相関
があった。この相関は，どのタスク群でも，個別の表現方法と多元的視点取
得の間の相関よりも高く，特定の表現方法を使ったかどうかよりも，表現方
法の多様性が多元的視点取得と関係が深いことがわかる（表 5.1）。

　4.1 のデザイン思考のチームメンバーのコメントでも見られたように，言
葉だけではピンと来ないアイディアでも，非言語表現，例えばスケッチする
ことで，チームメンバー個人内，チーム内，チーム外の理解を深めることが
でき，新しいアイディアを生み出すきっかけとなり得る。また，言語表現で
あっても，4.2 で紹介したデジタル・ストーリーテリングのようなナラティ
ブ表現は，多様な解釈を生み出す機能がある。ただし，非言語表現やナラ
ティブ表現は多義性が大きい。例えばスケッチによって認識が一致したと
思っていても，各メンバーの解釈は実はまったく異なっている可能性もあ
る。そのため，非言語表現やナラティブ・モードの言語表現と共に，デザイ
ン思考における問題定義のように，論理科学モードの言語表現も併用するこ
とが効果を高めると考えられる（問題定義における言語表現の役割は次項で
検討する）。つまり，タスクを問わず，論理科学モードの言語表現，ナラ
ティブ・モードの言語表現，非言語表現・非言語的情報経路のバラエティが
多元的視点取得と関わっているのである。

　なお，マルチモダリティと多元的視点取得の相関関係は，一方向の因果関
係ではなく，多くの場合共変的な関係にあると考えられる。すなわち，表現
方法のマルチモダリティを高めることで多元的な視点を獲得できるという側
面があると同時に，多元的な視点取得がなされている状態のチームは，様々
な立場の人の視点を検討するために，表現方法のマルチモダリティを高める
という側面が存在する。

　また，マルチモダリティと多元的視点取得の相関関係はタスク間で変わら
ないが，マルチモダリティのレベルはタスクによって異なる。マルチモダリ

		ビジネス企画		ハードウェア開発		ソフトウェア開発	
		平均	相関係数[2]	平均	相関係数[2]	平均	相関係数[2]
マルチモダリティ***[1]		3.34	0.543**	3.71	0.540**	2.90	0.554**
		使用割合[3]	相関係数[2]	使用割合[3]	相関係数[2]	使用割合[3]	相関係数[2]
言語表現（記号を含む）が主	メモや板書	42.8%	0.331**	49.5%	0.352**	42.9%	0.339**
	数式，ソースコード**	14.8%	0.162**	23.3%	0.236**	32.7%	0.314**
	まとまった量の文章，文書，資料	32.0%	0.270**	31.4%	0.266**	30.5%	0.224**
	論理的に話す*	45.8%	0.437**	46.0%	0.381**	37.9%	0.408**
	エピソードを話す**	28.5%	0.299**	11.3%	0.247**	11.5%	0.252**
	感覚的なことを話す**	25.0%	0.228**	15.3%	0.219**	13.7%	0.245**
非言語表現・非言語的な情報経路が主	簡単な図やスケッチ**	32.8%	0.344**	48.1%	0.325**	35.7%	0.325**
	写真や映像**	31.8%	0.212**	33.3%	0.269**	14.0%	0.198**
	実物や模型，プロトタイプ**	23.0%	0.175**	34.7%	0.288**	22.0%	0.168**
	実際にモノを使ってみたり，作業してみる**	27.3%	0.286**	49.8%	0.299**	28.8%	0.336**
	ユーザーや顧客が実際にモノを使ったり，生活・仕事をしている場所に出向いて観察する**	30.3%	0.290**	28.8%	0.319**	19.8%	0.332**
n		400		424		364	

*$p<0.05$, **$p<0.01$（項目名の有意水準は，タスク間の1元配置分散分析F値またはχ^2検定の有意水準）

[1] 上位2ポイントを付けた表現方法・情報経路の種類数（上表11種類中）の平均

[2] 多元的視点取得との相関係数

[3] 5点尺度中上位2ポイントを付けた人の割合

ティはハードウェア開発で最も高く，次いでビジネス企画，最もマルチモダリティが低いのはソフトウェア開発であった。ハードウェア開発は，物理的なモノをアウトプットにするというタスクの性質上，図・スケッチ，メモ・板書，実物・模型・プロトタイプ，実物試用の比率が最も高い。論理的に話す，写真・映像，ユーザー観察もビジネス企画と差はないがよく使われている。ビジネス企画は，口頭コミュニケーションのバラエティが特徴である。論理的に話すだけでなく，エピソードを話す，感覚的に話すといった，ナラティブ・モードを喚起する話し方が最も行われていた。ソフトウェア開発は数式・ソースコード（おそらくはソースコードが主）については最も使用率が高かったものの，他の表現方法については他群より特に多く使われているものはなかった。

▌アンカーとしての言語の役割

　前項冒頭では，人間の発達において対象を他者と共に観る共同注意という行為は，言語の獲得以前の視点取得の始まりであるということを述べた。本人－対象－他者の三項関係（Carpenter et al., 1998; Tomasello, 1999; Liszkowski et al., 2004）は，生後 15〜18 ヶ月頃までに言語的シンボルを理解し使用し始めると，対象とシンボルの関係に気付いて，本人－対象／シンボル－他者の四項関係に発展する（大藪, 2018）。人間は成長するにつれ，具体的なモノとシンボルを巧みに使い，世界の理解と他者とのコミュニケーションを行うようになるのである。

　4.1 で見たデザイン思考のプロセスでは，問題はそもそも何なのかを主に言語で定義するのが「問題定義」である。言語による問題定義は，ユーザー・インタビューや行動観察からユーザーの潜在ニーズを明示し，チームの問題意識を定めるもので，POV（point of view），HMWQ（how might we question）などの表現形式がある。言語による問題定義に共通して期待されているのは，言語表現で定義することによって発想や議論の迷走を防ぎ，チームの大まかな方向性を定めるアンカーと呼ばれる役割である。

　そもそも，創造的な行為は，発案者が内的に持つ概念だけでなく，日常的な経験から来る感覚や感情，記憶を基盤にしており，記号的な概念操作のみ

からアイディアを創出するわけではない（Finke et al., 1992）。デザイン思考における「定義」は常に多義性があり，科学的な理論における定義というよりはチームで共有された専門家の実践の理論（Schön, 1983）に近い。専門家が試行錯誤と省察を重ねながら実践の理論を進化させていくように（Kolb,1984），アイディアの発想者は，仮に言語で定義しつつ，諸感覚や感情，自らの経験と行き来しながら問題定義を深めていくのである。また，外的に言語表現することで問題定義は公共的な表象になり，各個人の内的表象と行ったり来たりを繰り返しながらその意味が互いに伝達される（Sperber, 1996）。子供が発達過程で，社会の中で間主観的に理解されている言語の習慣的な使い方を習得していくように（Tomasello, 1999），成人であっても新しいものを生み出そうとする状況下では，言語による問題定義は，文字どおりの定義というよりも他者の視点を取り入れる触媒となり，複数の人間の間で共通認識を醸成する役割を果たすと考えられる。

　本項では，デザイン思考のワークショップの場で，アンカーとしての言語表現がチームのプロセスに与える影響について見てみたい。

　2017年8月に，2つの大学に所属する経営工学と経営学専攻の学部3年から修士2年までの男性10名，女性2名計12名が参加して，「キャビンアテンダントが顧客・職員と接するタッチポイントをリデザインせよ」をテーマとして新しいサービス・製品を提案する6時間のワークショップを実施した。ワークショップでは，3名ずつⒶ，Ⓑ，Ⓒ，Ⓓの4チームを編成し，キャビンアテンダント20年以上の経験を持つ2名にユーザー・インタビュー（1名30分）を行い，インタビューの内容を各チームで振り返った後，30分間，あまり練られていないアイディアも含めてなるべく多くのアイディアを付箋に書いて貼っていった。この30分のアイディア創出プロセスが主な分析対象となった。

　問題定義の言語表現の影響を見るため，Ⓐ，Ⓑチームは，インタビュー終了後（アイディア創出の直前）に，顧客やキャビンアテンダントの満たされていないニーズについて短いフレーズにして紙に大きく書くように指示された（以下，問題定義有チーム）。一方，Ⓒ，Ⓓチームはそのような指示がなされなかった（以下，問題定義無チーム）。

　各チームのプロセスは，音声，ビデオ映像，写真で記録し，ワークショップ後に参加者に対してインタビューと質問票調査を実施した。会話については，2 名の研究者が協議しながら探索的に MAXQDA でコーディングを行い，問題定義有チームと問題定義無チームではアイディア創出のプロセスにどのような違いが出るかに焦点を当てて分析を行った。

　表 5.2 にアイディア創出における会話の記録から各チームの発話量（文字数），会話のターン数等を示す。問題定義有チームは問題定義無チームに比べ，会話のターン数が多く，1 回当たりの発話文字数は少ない傾向が見られる。

　問題定義の有無で質的に顕著な差が見られたのは，ユーザー体験や感情に関連した発言である。表 5.2 に，ユーザーとメンバーの体験や，感情に関連した発言のあった会話のターン数が示されている。（コーディング例は図 5.2 参照。）問題定義有チームは，ユーザー体験の想像，ユーザー体験に対する自分自身の感情の表出，チームメンバーの発言に対する情動的共感の表出の回数が多い傾向が見られる。

■表 5.2：アイディア創出における発話文字数，会話のターン数，アイディア数など

	発話文字数	会話の総ターン数	文字数／ターン	ユーザーとメンバーの体験・感情関連発言※（ターン数）					※の連続クラスター数	クラスター当たりのターン数平均（最大値）	自己申告アイディア数
				ユーザー体験の想像	ユーザー感情の想像	自分の体験の想起	ユーザー体験に対して自分の感情を表出	メンバーの発言への情動的共感			
Ⓐ（問題定義有）	4593	325	14	63	12	24	33	61	11	13（42）	22
Ⓑ（問題定義有）	3931	238	17	85	22	8	27	43	20	8（30）	18
Ⓒ（問題定義無）	3933	173	23	16	5	15	3	16	8	6（9）	12
Ⓓ（問題定義無）	3459	147	24	48	13	13	2	28	13	7（14）	14

■図5.2：アイディア創出中の会話とコーディングの例

グループⒶ（問題定義有）

a1 ゲームアプリ。なんかあれですよね、枠の中の人と対戦できたら面白いですよね、ゲームとか。 UE, Ue

a2 あー。 Os

a1 囲碁とか将棋、なんでもいいけど。 UE

a2 すごそう、それ。 Os

a1 対戦。 UE

a2 対戦系、それは面白いな盛り上がるな。対戦相手隣の人だった時とかすごい（笑）、コミュニケーションが生まれそう。 Os, UE, Ue

a1 確かに。 Os

a3 話しちゃう。 UE, Ue

a2 今やりました（笑）みたいな、もしかしてっつって。 UE, Ue

a1 この手打ちました？みたいな、 UE, Ue

a2 いいー手ですねとか言って（笑）。 UE, Ue

a1 面白、そのシチュエーション。 UE, Se

a2 コミュニケーションが始まりそうだね… UE

a1 ねー。 Os

グループⒹ（問題定義無）

d1 化粧用スペースね。化粧用スペース。

d2 なんか化粧用だったら簡易のやつとか。 UE

d1 ん？

d2 簡単なやつとか。 UE

d1 ね、そうだよね。要するに鏡と、洗面台っていう
あれあーで仕切りはあった方が良いのかな。化粧してるところ見られたくないから。 UE, Ue

d3 まぁあるんじゃないですかね、電車の中でしてる人も居ますけど。 Os, SE

d2 でもなんかそんくらいだったら。

d1 たしかに。そんくらいだったら。

d2 トイレの数増やすったらもうほんとにリフォームしなきゃいけないみたいな感じですけど。 UE

d1 そうだよね。 Os

d2 多分それ無理だから。

d1 まぁ一応それも書いとこう。トイレを増やす。化粧用スペースは簡易的な。 UE

UE ユーザー体験の想像, Ue ユーザー感情の想像, SE 自分の体験の想起, Se ユーザー体験に自分の感情を表出, Os メンバーの発言への情動的共感

　ユーザーとメンバー自身の体験・感情、メンバー間の情動的共感の表出に関連した発言は連続して現れる傾向がある。表5.2で体験・感情関連の発言が連続している箇所（以下、クラスターと呼ぶ）におけるターン数見ると、問題定義有チームは、最大のクラスターがⒶ42ターン、Ⓑ30ターンで特に大きいクラスターが見られ、クラスター当たりのターン数平均も問題定義無チームよりも大きかった。問題定義無チームでは、クラスター内のターン数最大値はⒸ9、Ⓓ14で、突出して大きいクラスターは見られなかった。

　最終的に創出されたアイディアの数は、Ⓐが22個、Ⓑが18個、Ⓒが12個、Ⓓが14個で、問題定義有チームの方がアイディアを若干多く出す傾向が見られた（表5.2）。

　表5.3は、付箋に書かれた言葉の一覧である。アイディアの出し方、整理

の仕方についてファシリテーターは特に指示をしていないが，問題定義有チームは，書き出した問題定義に対応するように議論の流れを構造化する傾向が見られた。チームⒶはアイディア創出の初めの段階で自発的に 2 枚の問題定義（「待っている時間が長い！から，そこで楽しめたら Good!!」「狭いスペースを快適にうまく使いたい」）を書いた紙をホワイトボードに貼り，それぞれに対応するアイディア（表5.3 の A1 と A2 グループ）を出した。チー

■表5.3：アイディア創出プロセスにおいて付箋に書かれた言葉

A		B		C		D	
クロスワードパズル	A1	名札にあだ名	B1	椅子の裏の机強化	C1	化粧用スペース	D1
ファッション雑誌	A1	CA に居酒屋店員させる	B1	仕切りをつける	C1	簡易的化粧スペース	D1
マンガ	A1	エコノミーを居酒屋に	B1	隣同士が女性同士になるようなサービス	C1	トイレの数増やす	D1
塗り絵を置く	A1	何らかのイベント	B2	全てをスマホでできるように（アプリ）	C2	シャワールームをつける	D1
Youtube 見たい	A1	ビンゴ体験	B2	電子マネーを利用できるようにする	C2	女性席固める	D1
CA による小芝居	A1	CA と握手会	B2	（アプリで）CA のプロフィールを配布	C2	責任の所在を明確化（ツール）	D2
VR	A1	歌手の人のライブ	B2	無料サービスの廃止	C3	メカの人が来てくれる	D2
カラオケ	A1	CA と合コン	B2	シンプルに価格を下げる	C3	シミュレーション映像で解決していく	D2
wi-fi	A1	チームワーク講座	B2	季節イベントに合わせて様々なメニュー	C4	スカイプでやる	D2
ゲームアプリ入れる（対戦）	A1	CA が円陣を組む	B2	航空券をとる際に機内食のメニュー選択	C4	いびきテープ導入	D2
機内チャット	A1	CA の裏側のツアー	B2	航空券に IC チップか何かつけてクラス移動するとブザーがなるしくみ	C4	発券するとき食事予約サービス	D2
旅先のオススメの場所が出てくる	A1	CA さんアイドル化	B3	ゲーム機の貸し出し	C4	VR with CA	D2
BGM（α波）	A1	CA の膝枕で寝れる	B3			待ち時間の解消（トランジット）	D2
CAによるパーティーゲーム	A1	担当の CA をつける	B3			責任者呼び出し電話	D2
インスタ映え（する飛行機）	A1	取締役おじさん 1 日 CA 化	B4				
化粧室を作る	A2	CA 暗黙知の共有	B4				
歯磨きスペース	A2	目線だけで気付くデバイス	B5				
マッサージ機能付き	A2	化粧台を設置する	B5				
アイマスク	A2						
人をダメにする座席	A2						
冬はこたつみたいな椅子	A2						
フラットな部屋	A2						
Baby bed	A2						
座席がベッド	A2						
座席が回転	A2						

> チームⒶ 問題定義の下に貼られた付箋
> 　A1:「待っている時間が長い！から，そこで楽しめたら Good!!」、
> 　A2:「狭いスペースを快適にうまく使いたい」、
> チームⒷ問題意識（「善意のお客様を増やしたい」）の下に貼られた付箋のグループに付けたラベル
> 　B1:「居酒屋」、B2：「イベント」、B3：「アイドル」、B4「現場と本部の知識共有」、B5:「その他」
> チームⒸⒹは、付箋を線で囲んでグルーピング、ラベルはなし
> 　Ⓒ 4グループ（C1～C4）、Ⓓ 2グループ（D1～D2）

ム⑧は問題定義を書いた紙（「善意のお客様を増やしたい」）を机の上に置きながらそれに対するアイディアを出し，後に5つの下位カテゴリーに分類してラベルをつけた（B1～B5グループ）。一方，問題定義無チームは，ユーザー・インタビューの結果をまとめたホワイトボードや付箋に書かれた多数のインタビュー・メモを見ながらアイディアを出し，アイディア創出後に付箋に書かれたアイディアを線で囲んでグルーピングする行動が見られたものの（C1～C4グループ，D1～D2グループ），グループの名称は付けなかった。

表5.4は，ワークショップ後の質問票調査で参加者がワークショップのプロセスについて5点尺度で自己評価した結果である。チームの意見交換の活発さやインタビューからのニーズの把握に関しては問題定義の有無で差は見られなかった。一方，アイディア創出に関しては，問題定義有チームの方が，適切な解決方法や，人が思いつかないような解決方法を考案できたと自己評価する傾向が見られた。また，問題定義有チームは，自分にとって共感

■表5.4：参加者のワークショップ後のプロセスの自己評価
（5点尺度。チームメンバー3名の平均値）

	グループで活発に意見が出た	ユーザーのニーズを的確につかむことができた	なかなか人が気付かないようなニーズをつかむことができた	ニーズに対して適切な解決方法を考案できた	ニーズに対して人が思いつかないような解決方法を考案できた	十分に考えを広げることができた	十分に考えを絞り込むことができた	斬新な考えが出た	論理的な考えが出た	自分にとって共感できる考えが出た	ユーザーに共感してもらえるような考えが出た	様々な人に共感してもらえるような考えが出た	社会（または業界や企業）にとって有用な考えが出た
Ⓐ 定義 有	5.00	4.00	4.00	4.67	4.00	4.33	3.67	3.33	3.00	4.67	4.00	4.33	3.67
Ⓑ 有	4.00	3.67	3.33	3.67	4.00	4.00	2.67	4.00	3.67	4.33	2.67	3.33	2.67
Ⓒ 無	4.00	3.67	2.67	3.67	2.67	3.00	3.33	3.67	3.67	4.00	3.33	3.33	4.33
Ⓓ 無	4.00	5.00	4.00	3.33	3.00	4.33	4.00	2.67	4.00	4.33	4.67	4.00	4.00

できるアイディアが出たと評価する傾向があり，問題定義無チームは，論理的で社会的な有用性が高いアイディアが出たと自己評価する傾向が強かった。

　ワークショップ後のインタビューで，問題定義有チームのメンバーは問題定義を書き出したことの効果について，焦点が絞られ，構造的にアイディア創出ができたと述べている。

> ・一回まとめることで絞れた部分はあったかなと思いますね。まぁ，一旦その 12 時（インタビュー終了後，アイディア創出前の時点）っていうタイミングで，これですって絞ったことで，その後ある程度絞った状態で考えられたかなとは思います。Ⓑ
> ・なんかブレインストーミングみたいな感じにアイディアを出す時に，上（問題定義の紙を貼った場所）を見て，バーンって出してくと，途中からそれそうになったりとかする時に上見ると，あぁ，そう言えば元々これ考えてたんだなって戻ってから考えたりできたので，あった方がやりやすかったかなと思います。（割とそれを前提に色々考えてきたんですよね？）そうですね，割と外れずにブレインストーミングの案が出たかなというふうには思います。Ⓐ

　問題定義有チームは，問題定義無チームに比べ，短い発言が多頻度で交わされ，その内容はユーザーの体験を想像し，ユーザーの体験に対する自分自身の感情的な反応や，他メンバーの発言への情動的共感を連鎖して発言することが多く，自分自身にとって共感できるアイディアを構造的に数多く創出した。問題定義有チームのアイディア数の多さは，問題定義によって，ユーザー・インタビューに潜在する様々なニーズから特定のニーズに，予め焦点が絞られていたためであると考えられる。また，問題定義の中にユーザーの感情が表現されていたので，アイディアに対して，自分ならばどう感じるかという想像や，情動的共感を連鎖して表出することを通して，ユーザーの体験にアプローチすることができたと考えられる。

　一方，問題定義無チームは，インタビューから聞き取った数多くのニーズに対しアイディアを出していったので，話題が様々なニーズに及び，一つ一つの問題の所在の根拠や背景から説明しなくてはならず，比較的客観的な言葉で長く語られ，自分の感情や情動的共感を示す言葉は少なかった。アイディア創出の成果は数が少なめで，機能的，物理的なソリューションが多

く，自分自身の共感よりも，論理的で社会にとって有用なアイディアが出た
という自己評価につながったと考えられる。

　上記の分析が示唆するのは，問題定義において，ユーザー感情を言語化す
ることの意義である。一般に，アンカーとしての問題定義の言語表現は，問
題のフレームを定めることによって，アイディアを出しやすくする役割が期
待されている。このような言語表現の機能を認知面のアンカーと呼ぶとする
ならば，この分析では，言語表現の感情面のアンカーというべき役割が示唆
されている。すなわち，ユーザーが出来ることだけではなく，その時ユー
ザーが感じる感情を言語表現することによって，チームメンバーが互いに自
分自身ならばどう感じるかを口に出しやすくなり，ユーザー体験のイメージ
を深めるという機能である。

　第1章では，情動的共感は，共観（認知的共感）とは区別して考えること
が有用であると述べた。情動的共感によって自分自身の感情が揺さぶられた
結果，他者の理解が阻害される可能性もあるためである。しかし，感情に
は，対象や状況に対する注意を促し，過去の記憶，イマジネーション，推論
との連携によって将来を見通す側面もある（Damasio, 2003）。感情面のアン
カーとして，ユーザー感情を言語化することによって，情動的共感が視点取
得の適切さを損なわず，むしろ視点取得の深化を促進する可能性がある。

5.2 ▶ ナラティブ・モード

　チームで創造的成果を求める実践における表現のもう1つの特徴は，ス
トーリーボード，寸劇，映像作品など，ナラティブ表現が多用されることで
ある。4.2で見たとおり，ナラティブ表現を聞く人・見る人は，語り手や登
場人物の視点を取得し，特定の文脈，経緯の中で解釈する思考形式であるナ
ラティブ・モードを発動させる。ナラティブ・モードは，問題そのものを問
い直す必要がある創造的な状況に適している（Bruner, 1996）。

▌自他の体験を語ることの効果
　われわれは，日常の会話においては，特に意識することもなく，自発的

に，特定の文脈，経緯の中で自らの解釈を述べている。日常会話では，論理科学モードよりも圧倒的にナラティブ・モードの方が優勢であると言ってよい。創造的成果を求めるチームの実践でも，時間をかけて，ストーリーボード，寸劇，映像などのナラティブ表現を製作する一方で，メンバー間の会話において，即興的に自分自身や他者の体験を語り，互いの解釈を述べ合うことが行われている。自他の体験についての語りは，構造化されたナラティブ表現の形式にまで至らないものの，チーム内部の相互作用においてチームレベルのナラティブ・モードを喚起する役割を果たしているのである。チームの相互作用中に自分自身や他者の体験を語ることを，ここでは体験想起と呼ぶ。チームの会話の中で体験想起がなされる時，チームの思考はナラティブ・モードに入っていると見てよいだろう。

　体験想起に喚起されたナラティブ・モードは，チームの相互作用プロセスにおいて，新しい解釈を生み出すことを通じて，チームの創造的成果に貢献すると考えられる。チームなど限られた人数の集団相互作用の中で，予期せぬ新しい解釈が生まれるプロセスは，協働的創発と呼ばれている。協働的創発は，瞬間的な偶発性があり，行動の効果が他の参加者の後続行動によって変化する即興プロセスと定義される（Sawyer & DeZutter, 2009）。組織的即興（Weick, 1998）のミクロレベルのプロセスと言える。協働的創発は，デザイン思考等の創造的成果を求めるチームのプロセスの中では，アイディアの即興的発展という形で現れると考えられる。体験想起は，チームにおけるアイディアの即興的発展にどのように関係しているだろうか。

　デザイン思考のワークショップの会話から，アイディアの即興的な発展と体験想起の関係を見てみよう。2018 年 12 月に，4 人の社会人および学生で構成される 5 チームが親子の会話または通勤通学の新しい経験のデザインに取り組んだ。チームは，前半 10 分間では付箋を用いてアイディアをできるだけ多く創出し，後半 10 分間で 1 つのコンセプトにまとめることが求められた。参加者の会話の記録は，研究者 2 名が協議しながら MAXQDA でコーディングした。

　会話の中から，アイディアの即興的発展が生じている一連の発言と，自他の体験想起が語られている発言を抽出し，両者の位置関係を次の 4 パターン

に分類した（表5.5）。

    IS：アイディアが先に発展し，それに対する体験想起が続いている

    IS–L：以前出たアイディアに対し，時間をおいてそれに対する体験想起を行っている（アイディア提示の発言と，体験想起の発言の間には，他の話題の会話が挟まっている）

    SI：体験想起が先行し，それに関連するアイディアの発展が続く

    IO：体験想起がなされないまま，アイディアの発展がある

  表5.5に示すように，ISの出現箇所は14，SIは8，IS–Lは11，IOは4，合計37箇所見られた。体験想起がないまま論理展開などでアイディアが発展するケース（IO）は少ないことがわかる。

  表5.6の1列目に各チームが提案したコンセプトの創造的成果について，第三者が評価を行った結果を示す。第三者評価は，2020年1月に調査会社の企業勤務者パネルから抽出した事業・商品・サービスの企画経験者200人と新技術開発経験者100人に，新奇性や有用性など創造的成果に関連する項

■表5.5：アイディアの即興的発展箇所の各パターンの出現数と会話例

パターン	出現箇所	会話例 (I) アイディアの付加，発展が見られる発言。(S) 体験想起の発言	
IS （アイディアが先に発展し，それに対する体験を想起）	14	例1. ⑦ 通勤通学（細部のイメージ） M1：あれがそう，ほしいと思ったことがある。家の下と行きたいところの下まで，もう直通でつながっている。道路でも地下鉄でも。(I) M2：直通。 M1：家から目的地。道1本みたいな感じで。(I) M3：それと似てますけど，とりあえず屋根ほしいです。(I) M1：ていう感じだよね。雨だとやだよね。(S) M3：雨とか。東京駅的な。(S) M1：はいはい。 M3：地下通路的な感じで。(S) M1：どこ行くにも地下通って行ける状態だね。(S)	例2. ⑪ 通勤通学（意味付け変化） M3：でもなんかいい人だけ車両とか面白いかなと思うんですけどね。(I) M2：スコーピング？ M3：やっぱ……なんかみんな自分が，これ乗るのってたぶん自分がいい人って思ってる人じゃないですか。てなると逆なんか悪いことはできない，もちろん誰でも，自分でいいか悪いか決めるんで。(S) M1：なるほど，いいですねえ。 M3：誰でも入れるんですけど。(S) M2：じゃあちょっと。 M1：コミットメント系ですね，それ。(S) M2：これ，返ってくるやつだ。変わってくるよこれ。

108

（表 5.5　つづき）

IS-L （以前に出たアイディアに対し，後に体験を想起）	11	**例 3. ㋭通勤通学（解釈共有）** M1：相性悪い人と通勤やめ。（前に出たアイディア） M3：そうですね。 M2：相性悪い人いるじゃないですか，たまに。(S) M1：うん，いますよね。 M2：います。 M1：近寄りたくない人，いますよね。(S)	**例 4. ㊁親子の会話（自分のアイディア伝達）** M1：どういうこと考えました？僕なんか結構，（以前に出たアイディアが）意外とお酒ばっかだなと思ったんで，お酒以外にしたいなとなんかちょっと思って。なんか結構ご飯とかを食べに行く時はお酒飲みながらしゃべるっていうのもあるんですけど。だけどご飯とお酒以外っていうのがないよなって結構思って。(S)
SI （体験想起をしているうちに，アイディアが発展）	8	**例 5. ㋑通勤通学（アイディア探索）** M3：苦じゃないですけど，何が苦ですか。 M4：距離が駄目。長いの。(S) M3：距離感。 M4：長い距離，時間立ってなきゃいけないとか。(S) M1：リラックス効果がある臭いを出してくれる何か。(I) M3：じゃあもはや通学しないっていうのも。(I) M4：ありだよね，うん。もはや行かない。	**例 6. ㋺親子の会話（アイディア探索）** M1：あと結構，聞いてて思ったんですけど皆さん父親イメージされてんのかなと。母親は意外とないのかなと (S) M2：なるほど。母親か。確かに。母親とこういうのあんまないよね，酒とかできるっていう（笑）。確かに。母親っていう視点もあるんですよね。だからおやじなのかおふくろなのかっていうんで。(S) M3：自分も確かにおやじっていうイメージで。(S) M1：お父さんお母さんと 2 人セットでお酒飲みにいくみたいなの，あんまりないような。(I)
IO （体験想起がはっきり現れないまま，アイディアが発展）	4	**例 7. ㊁親子の会話** M1：（親子マッチング相手が）ウェブでわかる。(I) M2：プラットフォームみたいな。(I) M1：そうですね。プラットフォーム。 M3：プラットフォーム（笑）。 M4：マッチングしたら。 M1：やっぱアプリになっちゃうよね。 M4：最大 3 日ぐらいは。(I) M2：そうですね。	**例 8. ㊇通勤通学** M1：もう退屈でうんざりしてるっていうのはストレスからきてるから，ストレスを減らすような解決策にする。(I) M2：わかりました。ストレスを減らす。 M3：車内空間を明るくサービス。(I)
合計	37		

109

チーム		第三者評価の創造的成果総合点※	全発言数	アイディアの即興的発展箇所の発言数	体験想起発言数				
					合計	ユーザー体験	自分の体験	他のメンバーの立場	企業の立場
㋑	高交互作用・高成果	3.29	257	113 (44%)	47 (18%)	38 (15%)	6 (2%)	0 (0%)	3 (1%)
㋺	高交互作用・高成果	3.11	217	110 (51%)	53 (24%)	29 (13%)	23 (11%)	1 (0%)	0 (0%)
㋩	低交互作用・高成果	3.25	98	21 (21%)	6 (6%)	1 (1%)	5 (5%)	0 (0%)	0 (0%)
㋥	低交互作用・低成果	3.01	159	89 (56%)	27 (17%)	22 (14%)	5 (3%)	0 (0%)	0 (0%)
㋭	低交互作用・低成果	2.97	193	61 (32%)	18 (9%)	15 (8%)	0 (0%)	3 (2%)	0 (0%)

※ 5 点尺度の平均点。測定方法は章末注 2）参照。対応のある一元配置分散分析 F=12.832（P<0.01），多重比較では，㋑，㋩>㋺>㋥，㋭（P<0.05）。N=300
括弧内は各チームの全発言数における割合。

目について評価を依頼した[2]。チーム㋑と㋩が最も高く評価され，㋺がこれに次ぎ，㋥，㋭は上位 3 チームに比べて有意に評価が低い。相対的に，㋑，㋩，㋺が高成果，㋥，㋭は低成果と見ることができる。

　各チームの発言数には，大きな違いがあった。㋩，㋥，㋭は，前半 10 分間のアイディア出しの段階はほぼ発言がなかった。これに対し，㋑と㋺は，アイディア出しの段階から後半に至るまで盛んに発言していた。発言総数は，多い順に㋑，㋺，㋭，㋥，㋩である。

　5 つのチームは，会話が多くなされ高い成果を上げている高交互作用・高成果の㋑，㋺と，発言数が少ないが成果は高く評価されている低交互作用・高成果の㋩，交互作用が少なく，かつ成果も低い㋥と㋭に分かれた。

　表 5.6 の右側にアイディアの即興的発展箇所における発言数，体験想起発言数を示す。高交互作用チーム㋑㋺は，低交互作用チームに比べて，全体の発言数が多いだけでなく，アイディアの即興的な発展と体験想起に関する発

言数も多い。体験想起の内容は，ユーザーの体験が最も多く，次いでメンバー自身の個人的体験である。

表 5.7 は，チーム別のアイディアの即興的な発展と体験想起の出現パターンと，アイディアの発展と体験想起の両方が関連して出現しているパターン（IS,IS-L,SI）において，体験想起がどのような機能を果たしているかを詳細に見たものである。

アイディアが先行するパターン（IS, IS-L）では，体験想起はアイディアの即興的発展に対して 4 種類の機能を果たしていた。

第 1 に，体験想起を添えることによって，自分のアイディアを他のチームメンバーに伝える機能（出現箇所 2）である。表 5.5 の例 4 では，親と成人した子が酒を飲みながらコミュニケーションするというアイディアに対して，自分も親と外食する時はよく酒を飲みながら話をすることを語っている。その上で，飲酒は日常で頻繁に行われている親子のコミュニケーション手段なので，それ以外のことを考えたいという意見を述べている。

第 2 に，体験想起がチームで共通した解釈を共有し，深めていく機能である（9 箇所）。表 5.5 の例 3 は，通勤において相性の悪い人と一緒にならないようにする，というアイディアを取り上げ，通勤中に近寄りたくない人がいるという体験を述べることで，相性の悪い人とはどのような人かについて，他のメンバーとの間で理解を深めている。アイディアを付箋に書くだけでは必ずしも同じ解釈がなされているとは限らないため，チームメンバーが体験想起によって互いの視点から見た解釈を確認していくのである。

第 3 に，体験想起は，チームがアイディアの細部をイメージすることを助ける働きがある（8 箇所）。表 5.5 の例 1 は，家から通勤通学先まで道が直通でつながっているというアイディアが最初に出され，雨が降るといやだから屋根が欲しい，東京駅の地下通路みたいな感じで，とチームでユーザー体験の細部のイメージを膨らませている。

第 4 に，視点を変えるなどによってアイディアの意味付けを変える機能（5 箇所）である。表 5.5 の例 2 で発案された，良い人だけ乗った車両をつくるというアイディアは，ストレートに解釈するとマナーの良い人を集めればトラブルが起こらないということである。しかし，チームは，ユーザーの視

チーム	㋑ 高交互作用・高成果	㋺ 高交互作用・高成果	㋩ 低交互作用・高成果	㋥ 低交互作用・低成果	㋭ 低交互作用・低成果
アイディアの即興的発展と体験想起の関係パターン出現数					
全パターン	14	8	2	7	6
内, IS	8	3	0	1	2
IS-L	0	4	0	4	0
SI	5	1	1	1	0
IO	1	0	1	1	2
体験想起が伴うパターン (IS, IS-L, SI) の機能内訳					
アイディア伝達	0	1	0	1	0
解釈共有	3	2	0	1	3
細部のイメージ	3	2	0	3	0
意味付け変化	2	2	0	0	1
アイディア探索	5	1	1	1	0

※パターン記号の意味は，本文および表 5.5 参照。

点に立つことで，本人が自分のことを良い人と宣言すると悪いことができなくなるという行動変容が起きる可能性に気付いている。対象を良い人に絞るのではなく，本人が良い人であると宣言することで良い人になるのである。即興的相互作用の過程で事後的に意味付けが変わる現象は，協働的創発における遡及的解釈と呼ばれる（Sawyer & DeZutter, 2009）。

　一方，体験想起が先行するパターン（SI）の体験想起はすべて，イメージを膨らませアイディアを生み出すのを助ける，アイディア探索機能（8箇所）を果たしていた。表 5.5 の例 5 は，通勤通学で何が苦であるかについて，メンバーが自分の経験やユーザー等の視点から探索し，そこからアイディアを出している。例 6 では，親子の会話について考える時，チームメンバーが主に父親と子ばかりをイメージしていたことを思い返し，母親が関わるアイディアを探索し始めている。

　自他の体験想起がアイディアの即興的発展に果たす諸機能は，多元的視点

取得と密接な関係がある。SI のアイディア探索機能は，体験想起によって物語りの登場人物の視点を取得し，選択肢を拡大しやすくしている。IS,IS-L のアイディア伝達，解釈共有，細部イメージ機能は，取得した視点を深めチームに定着させる役割を果たしている。視点取得を多元化するためには，一つ一つの視点取得が表面的，利那的にならないようにする必要がある。そのために，アイディアを出した後に体験を語って，チーム間でイメージを合わせ深めて行くのである。また，チームの相互作用で意味付けの変化が起きる遡及的解釈（Sawyer & DeZutter, 2009）は，同じ事象を別の視点から再解釈して新しい意味を創り出していくことであり，共観創造の核心に位置付けられるプロセスである。

　高交互作用・高成果チームが低交互作用・低成果チームに比べ，アイディアの即興的な発展と体験想起が頻繁に行われていたことは，体験想起に喚起されたナラティブ・モードが創造的成果に寄与していることを示唆している。しかしながら，低交互作用でアイディアの即興的な発展と体験想起が少なくても高成果のチーム（△）が存在するという事実は，チームでアイディアを発展させなくても，ある個人がたまたま優れたアイディアを出せば高く評価される可能性があるということである。しかし，個人の才能や偶然への依存は，組織として継続的に創造的な成果を上げるには適していない。特別な才能を持っていない人々の集団としての企業が現実的に目指すべき方向は高交互作用・高成果であり，その際には体験想起に喚起されたナラティブ・モードが多元的視点取得を促し，アイディアの発展に重要な役割を果たすと言えるだろう。

▍デジタル・ストーリーテリングの製作過程に見られる変化

　4.2 のビジネス企画のデジタル・ストーリーテリングの事例では，作品の視聴者へのインパクトだけを目指すのならば，製作者は 1 人で孤立して製作してもよいはずである。デジタル・ストーリーテリングがワークショップを開催して製作者が集まり，ワークショップ参加者同士の相互作用の中で製作を進める（作品自体は製作者個人が製作する）という形式をとるのは，製作のノウハウの共有や作品の完成度を高めるためだけでなく，製作者自身への

インパクトを意図しているからである。ワークショップにおけるデジタル・ストーリーテリングの製作過程において，製作者自身には何が起きているだろうか。

　分析対象のビジネス企画のためのデジタル・ストーリーテリングのワークショップは，I期（2013年12月～2014年3月　4時間×4回。製作完了した参加者4名）と，II期（4.2で取り上げたワークショップと同じ。2014年4月～7月　1.5時間×10回。参加者6名）が実施された。参加者の内訳は，非営利含む起業経験あり6名，起業経験なし勤務経験あり2名，起業・勤務経験なし2名である。ワークショップでは，セッション毎に，参加者が製作過程の作品について発表し，他の参加者が感じたことを話し合った。また，作品製作過程において，各参加者が気付いたことと，そのきっかけを述べる，省察（Schön, 1983; Kolb, 1984）の機会が度々設けられた。参加者の発話と自記から110の省察コメントを収集し，SCAT（Steps for Coding and Theorization: 大谷 2007）による概念抽出を行った（表5.8）。

　表5.8に示すとおり，デジタル・ストーリーテリングの効果に関する気付きが最も多く省察コメント全体の3割程度を占めた。その内容は，下記の例のように，個人的経験を物語りとして語る効果，画像のインパクト，自分の声を聴く効果，他のワークショップ参加者の意見を聞くことの効果，シナリオ作成作業の効用等である。

・自分が気付いた事を他の人々に伝える時に，まとめた結果より，具体的なセリフ，物語りを使った方が，より説得力があるかもしれないと感じました。
・「誰のための何を誰がどこでいつやるのか」という理念を膨らませて，伝えるにはデジタル・ストーリーテリングは効果的である。学生が卒業後にやりたいことの想いを具体化するきっかけ作りになると思った。
・○さんの話を聞いて，小さい頃のことを思い出した。物語りは人の共感と興味を起こせることに気付いた。
・画像を探索するプロセスにおいて，自分が表現したいものが見えました。
・文字，イラスト含めて絵で伝える事も大切だが，自分の声で伝える事は，とても大事。話し方で伝えられることがある。声が届ける情報はしっかりと響く。
・録音の時に，画像にナレーションを入れている中で，自分のシナリオを増やしたり減らしたりすることなどによって，自分の問題を見つけることもできます。

　デジタル・ストーリーテリングの効果に気付いたきっかけは，他の参加者

■表 5.8：製作者の製作過程の気付きとそのきっかけ

		気付いたきっかけ			
	合計	他の参加者の反応・意見	他の参加者の作品を見て	製作作業中,自作品を見て	ファシリテータの言葉
デジタル・ストーリーテリングの効果の認識 （個人的経験を物語りとして語る効果，画像のインパクト，自分の声を聞く効果，他者の意見を聞くこと，シナリオ作成作業の効用等）	35 (32%)	16	9	12	0
表現の技術 （画像とナレーションの合わせ方，画像の作り方・選び方，語り方 等）	33 (30%)	11	3	19	1
聞き手に関する発見 （コンテクストの違いの認識等）	20 (18%)	14	4	3	1
自分自身に関する発見 （過去の自分とのつながり，動機の再確認 等）	19 (17%)	9	0	10	2
ビジネス・プランの再構築 （不足部分の発見，新しい選択肢，利害関係者・顧客の再定義 等）	13 (12%)	11	0	2	0
その他	2 (2%)	1	1	0	0
合計		52 (47%)	18 (16%)	40 (36%)	4 (4%)

括弧内は省察の全体数 110 に対する割合。気付いた内容ときっかけは共に多重回答であるため，縦横の和は合計に合わず，構成比の和も 100%にならない。

の反応や意見が最も多いが，製作作業中に気付いた場合や，他の人の作品を見て気付いた場合も少なくない。特に，ナレーションを自ら吹き込んで自分の声を聞く体験は，デジタル・ストーリーテリングの独特のものである。発声時に聞く自分の声は，他者が聞く自分の声とは異なるので，録音することで，謂わば，他者の立場から自分の語りを聞くことができる。省察コメントからも吹き込み作業が内省を引き起こしていることが窺われる。

　2 番目に多いのは，画像とナレーションの合わせ方，画像の作り方・選び

方，語り方等表現の技術に関する気付きである。製作中の内省によるものが多い傾向にあるが，他者の反応や他の人の作品を見て気付く場合もある。

- 写真を選ぶ時に何を伝えたいかを自問自答してさらに内省できました。画像が何かを物語っていたら，言葉は少なくても良いのかもしれないなどと思いながらナレーションを吹き込んでいました。原稿作りの段階でも，かなり内省できると思う。
- 自分の写真は少ないので，選ぶのは難しいと思います。また，せっかく写真を選んでも，自分のシナリオには関係は明確ではない場合はどうしようかなと思いました。
- 時間を節約するために，細かい事をもっと洗練させる必要があります。もっと聞き手とコミュニケーションをする方がいいと思います。写真の説明はまだ不十分だと思います。

　3番目にコメントが多く，参加者の7割が何らかの言及をしていたのは，聞き手に関する発見である。聞き手に関する発見のほとんどは，自分の表現が聞き手のコンテクストによって，自分の想定外の受け取られ方をされたことに気付いたというものである。コンテクストの違いの内容としては，出身国，前提知識，過去の利用経験，興味・嗜好であった。気付いたきっかけとして最も多いのは，他の参加者の反応，意見である。

- 自分が考えていることを別の人に伝えて行く時，その人の背景によって，伝わり方がとても違います。自分の言うことを，中国人を対象にする場合と，日本人を対象にする場合とでは，全然違う効果があった。
- 以前は，自分が思った事を直観的に伝えようとしていましたが，客観的に他人の立場に立って，どんな知識を持っているか，持っていないかを想定したことがありませんでした。中国では物流業者のミスによって発生した事故は当たり前ですが，日本人には不思議で，考えられませんでした。また，フィギュアに対するマニアの気持ちについては，一般の方にはやはり理解しづらい所があります。
- サービスの可視化は難しいです。鑑賞者それぞれの体験したサービスによってイメージを膨らませていくので，伝わり方も違います。気付きがある人はさらに気付くでしょうが，気付きのない人にも伝えるためには，もっと客観的にインパクトのある画像を集めたいと思いました。
- 自分の考えていることをまとめてから人に伝えるよりも，とにかく考えていることを想いに乗せて伝えてみる。そのことによって，新たな気付きを得られる。作品に対して，見ている人の視点で疑問・質問を投げかけてくれた。人によって捉え方が違うから，自分にない視点で受け止めてもらえていた。絞り込んでいたら，

その質問はなかったと思う。
- シナリオを何度も作り直していくうち，聞き手の頭の中をイメージするようになりました。
- ある背景を持っている人にとって，ありふれたものでも，違う背景を持っている人にとって，信じられないほど可能性があることがある。

　聞き手が自分とは違った解釈をしていることに気付くことは，多元的視点取得そのものである。自分自身とは異質な他者の視点を取得したことで，相手の立場になって自分の言いたいことをうまく伝える技術を考えるだけでなく，自分が気付いてなかった新しい可能性を見出す参加者も見られた。

　聞き手に関する発見と同じぐらい多かったのが，自分自身に関する発見である。その内容は，自分がやりたいビジネスは，実は過去の自分の経歴とつながっていたという発見，自分自身の動機の再確認などである。

- 今まで物流をやりたいと思っていたのは，以前フィギュアをたくさん買ったり，売ったりした経験から着目したことにすぎませんでした。他人から見て自分はどんな人なのか，うまく理解できておらず，結果自分のやりたいことのモチベーションが中途半端になっていました。自分がフィギュアをこんなに好きになったかきっかけは，アニメのキャラクターの性格に共感したからであることを思い出しました。（デジタル・ストーリーテリングの過程で）なぜそのビジネスをやりたいのか，根本的な動機を再認識しました。
- 自分で自分史を書いている時には気付かなくても，質問されて回答しているうちに見えて来た事がありました。小中高と交遊関係が変化する際に，私の身の回りでボードゲームが流行していたことを自分史に書きながら気が付いたのですが，これは，私自身が友人を作る際にボードゲームを活用していたのだという事に気が付きました。無意識のうちにボードゲームがコミュニティ形成のためのツールとして優れていると感じたのかもしれないです。
- 自分のやりたいことを，デジタル・ストーリーテリングで，頭の中で整理しました。今までの考えが不十分な部分と，自分の動機を照らし合わせながら，もっとやりがいを見つけられました。

　自分のビジネス企画の内容や動機には，自分自身の個人的な歴史が関わっていることに気付くきっかけは，製作作業中の内省が最も多いが，他の参加者の反応，意見も同程度ある。他者の目から自作品がどのように見えるのかを知ることで，自分自身を見つめ直すという現象が起きているのである。

　デジタル・ストーリーテリングのプロセスは，個人の内面変化，視聴者へのデリバリーの向上に留まらず，ビジネス・プランそのものを変えていた。

ビジネス・プランの再構築に関するコメントは，全コメントに占める割合は
1割程度であるが，言及をした参加者は8割にのぼる。その内容は，ビジネ
ス・プランの不足部分の発見，新しい選択肢の発見，利害関係者や顧客範囲
の見直しなどである。そのきっかけは，圧倒的に他の参加者の反応，意見で
ある。

- ・最初は単純自分がやりたいことが実際にできるかどうかは自信があまりなかった
  です。でも，デジタル・ストーリーテリングによって，皆にたくさんの意見を受
  けて，自分のやりたいことは実現可能になるのかなあという気にどんどんなりま
  した。その結果，事業プランは詳しくなりました。私は，最初はただ故郷に貢献
  したいと考えただけでしたが，デジタル・ストーリーテリングによって，自分と
  陳皮（故郷の特産物）の関係や，陳皮の事業をどうやって日本で事業展開する
  ことも考えているのは，自分でもびっくりしました。
- ・供給者と需要者のニーズが合っていたとしても，それは社会にとっていいとは限
  らないという観点が完全抜けていたので，そこを見直す機会になったのが結構あ
  りがたかったです。ありがとうございます。社会に対する影響というのは自分の
  中で思い込みとしてはあったんですけど，ふわっとしてたんですね。抽象的だっ
  た。新しい学びがつくれるんだったら，何か社会にニーズがあるだろう，みたい
  な。そこをもう少し掘り下げて，本当にそうなのかっていう。
- ・最初ただ茫然と学校を経営したいと思いましたが，（他の参加者の）貴重なコメ
  ントを頂いてから，自分のやりたい学校が明らかになって来ました。

　ワークショップ参加者は，参加以前にすでに何らかのビジネス・プランを
持っていたが，他の参加者との相互作用によって，ビジネス・プランそのも
のも変化したり，精緻化しているのである。これは，前述の，コンテクスト
の違う他の参加者からの指摘で新しい視点が得られたり，他の参加者の視点
をきっかけに自分のビジネス・プランの原点を再発見する現象と密接に結び
ついている[3]。
　デジタル・ストーリーテリングのプロセスにおいては，図5.1で示した3
層の相互作用と類似した構造を通じて，多元的視点取得が起こっている。第
1層は，製作者が製作途中の自分の作品を見ながら内的なイメージ世界を発
展させる内的相互作用である。デジタル・ストーリーテリングでは，製作者
の個人的な歴史を扱い，自分自身の録音された声を聞く効果もあり，製作者
が内省的になる傾向がある。製作者は自分の過去の経験に向き合い，それを

他者に表現しようとすることによって，自分自身に向ける視点を変化させていた。第 2 層のチームメンバー間の相互作用にあたるのは，ワークショップ内の参加者間相互作用である。生まれ育った環境や興味の異なる他参加者によって，自分の表現が想定外の受け取り方をされたことなどをきっかけに，多元的視点取得が促進され，自分自身の見つめ直しの契機にもなっていた。その結果，多くの製作者が当初のビジネス・プランに何らかの変更をしていた。第 3 層のチームメンバーと外部のステークホルダー間の相互作用にあたるのは，4.2 で見たとおり，完成した作品の公開とその反響である。今回の研究では，視聴者の反応が製作者の認識にどのように影響したかは測定していないが，第 2 層と同様に社会的コンテクストの異なる相手からの視点取得が起こると考えられる。一般には，視聴者の多様性は第 2 層のワークショップ参加者より大きいため，取得できる視点の多様性は大きくなるが，相互作用はワークショップの参加者間より弱いため十分な視点取得ができるとは限らず，第 2 層と第 3 層は一長一短がある。第 2 層と第 3 層は相互に補完する関係があると考えられる。

　第 2，3 層において，製作者が他者の目から自作品がどのように見えるのかを知ることで，多元的視点取得をすると同時に，自分自身の個人的経験を見つめ直すという現象は，4.2 で見たように，視聴者が製作者の視点を取得して物語りに入り込み，その視点で自分自身の経験を見て，自分にも似た経験があると感じる視聴者側の現象と，合わせ鏡のような構造になっている。表現する側と視聴する側が互いに相手の視点を取得して，互いに自分自身に向ける視点を変化させるという，二重の自己と他者のオーバーラップ（Galinsky et al., 2005）が起きているのである。この現象は，デジタル・ストーリーテリングのみならず，多元的視点取得につながる相互作用の本質である可能性があり，極めて重要である。

▍第 5 章のまとめ

　本章では，多元的視点取得を高める工夫として，第 4 章でも見た，様々な感覚に訴える表現を重層的に利用するマルチモダリティと，特定の文脈，経緯の中で解釈する思考形式であるナラティブ・モードについてさらに詳細に

取り上げた。

<マルチモダリティ>

　マルチモダリティ（表現方法の多様性）と多元的視点取得の相関は，個別の表現方法の使用と多元的視点取得の間の相関よりも高かった。**特定の表現方法よりも，マルチモダリティが多元的視点取得と密接な関係にある**と言える。

　マルチモダリティが高まるほど，**表現に媒介された3層の相互作用**のいずれにおいても，多元的視点取得につながる相互作用が起きやすくなると考えられる。3層の相互作用とは，個人の内的イメージと表現物の間の**内的な相互作用（第1層）**，表現物に媒介された**チームメンバー間の相互作用（第2層）**，チームメンバーと**チーム外部のステークホルダーとの相互作用（第3層）**である。

　非言語表現だけでなく，言語表現も重要である。ユーザー感情を含む問題定義の言語表現には，発想や議論の迷走を防ぐ**認知面のアンカー**としての機能に加え，チームメンバーが互いに自分自身ならばどう感じるかを口に出しやすくなり，ユーザー体験のイメージを深める**感情面のアンカー**と呼ぶべき機能が見られた。1章で情動的共感が認知的共感（主な機能は視点取得）を阻害する可能性を指摘したが，感情の表現方法を工夫することによって，情動的共感が視点取得の適切さを損なわず，むしろ視点取得の深化を促進する可能性があることが示唆されている。

<ナラティブ・モード>

　われわれが日常会話の中でも行っている**自他の体験の語り**（体験想起）は，相互作用においてナラティブ・モードを喚起する。自他の体験想起がアイディアの即興的発展に果たす諸機能は，多元的視点取得と密接な関係がある。**アイディア探索機能**は，体験想起によって物語りの登場人物の視点を取得し，選択肢を拡大しやすくしている。アイディア伝達，解釈共有，細部イメージ機能は，**取得した視点を深めチームに定着させる役割**を果たしている。また，チームの相互作用の中で**事後的に意味付けの変化が起きる現象**

は，同じ事象を別の視点から再解釈して新しい意味を創り出していくことであり，共観創造の核心に位置付けられるプロセスである。

　デジタル・ストーリーテリングは，プロセスに組み込まれた 3 層の相互作用によって，自分とは違う解釈枠組みを持つ他者の目を意識させ，同時に自分自身を見つめる視点を変化させ，自らのビジネス・プランの捉え直しを促進していると考えられる。製作中に製作者個人の内面で起こる相互作用（第 1 層）では，製作者が自分自身に向き合い，それを他者に表現しようとすることによって，自分自身に向ける視点の変化を起こす。ワークショップ内の参加者間相互作用（第 2 層）では，自分の表現が想定外の受け取り方をされたことなどをきっかけに，社会的コンテクストの異なる他の参加者からの多元的視点取得が促進され，自分自身の見つめ直しの契機にもなる。視聴者と製作者の相互作用（第 3 層）では，第 2 層と同様に社会的コンテクストの異なる相手からの視点取得が起こるが，作品の公開が広がるほど視点の多元性は大きくなる一方で，相互作用は第 2 層より弱く，多元的視点取得に関しては第 2 層と補完する関係にある。

　第 2，3 層で起こっている，製作者が他者の目から自作品がどのように見えるのかを知ることで，多元的視点取得をすると同時に，自分自身を見つめ直すという現象は，視聴者が製作者の視点を取得して物語りに入り込み，その視点で自分自身の個人的経験を見て，自分にも似た経験があると感じる視聴者側の現象（4.2 参照）と，合わせ鏡のような構造になっている。**表現する側と表現を受け取る側が互いに相手の視点を取得して，互いに自分自身に向ける視点を変化させる，二重の自己と他者のオーバーラップは，**デジタル・ストーリーテリングのみならず，多元的視点取得につながる相互作用の本質である可能性がある。

● **第 5 章注釈**

1) 須永（2019）は，デザイナーがデザインを他者に伝える語彙（字義どおりの語彙ではなく，非言語モードも含めた表現方法の総体を指している）には，共感的語彙，体験的語彙，説明的語彙の 3 種類あるとしており，各語彙が使われる世界は，図 5.1 の 3 層とほぼ対応している。共感的語彙は，デザイナー同士で使われる語彙で，内的イメージを濃厚に共有している者同士のコミュニケーションで使われる。第 1 層の個人の内的過程の外延部と言える。体験的語彙は，デザイン意図を理解した異なる職種などのパートナーとのコミュニケーション，すなわち，第 2 層のチームメンバー間相

互作用で使われる。説明的語彙は，開発外の第3者に伝えるためのコミュニケーションで使われ，第3層のチームメンバーとチーム外部のステークホルダーの相互作用に対応している。

2）評価者が所属する企業の業種は製造・建築・エネルギー43％，運輸・流通・飲食6％，専門サービス20％，その他31％，従業員数平均5167人であった。回答者の平均年齢は47.4歳，男性92％，課長以上の役職者53％であった。第三者評価による創造的成果総合点は，創造性の社会的文化的定義の2大要素（Amabile, 1996; Runco & Jaeger, 2012）である新奇性（「斬新である」）と，有用性（「企業にとって有用である」「社会にとって有用である」の2項目平均）を1対1のウェイトで合算したものである。

3）ビジネス・シーンにおけるナラティブ・モードは，本書で取り上げた創造的成果が求められるチーム活動以外でも，さまざまな形で存在し，多元的視点取得をもたらしている。宇田川（2019）が提唱する，組織の中のわかりあえなさを克服する対話は，個人による視点の違い，部門間の視点の違いを乗り越えるためにナラティブ・モードを通じて多元的視点取得を深めて行く日常的で普遍的なプロセスであると言える。Boland & Tenkasi（1995）が示した，専門コミュニティ間の視点取得におけるナラティブ表現の活用は，ナラティブ・モードの部門間の多元的視点取得への有効性を示している。楠木（2010）のストーリーとしての競争戦略は，経営者の戦略思考（内的相互作用）をナラティブ・モードが深め，組織内や組織外のステークホルダーに影響を及ぼしていく。Denning（2007）は，リーダーの言葉をナラティブ・モードで伝えることにより，聞き手に新しい視点を与えるリーダーシップの形を示している。

終章

チームによる共観創造

▌チームによる共観創造

　第1-5章では，チームによる共観創造のメカニズムを定量的，定性的に見てきた。チームによる共観創造とは，チームとして様々な立場の人の立場で世界をイメージすること，すなわちチームの多元的視点取得を高めることを介して創造的成果につなげることである。チームメンバーの多様性は，創造的成果に直接的な効果はないが，チームが外部の様々なタイプの人に接触する機会を増やし，多元的視点取得を高めることによって，間接的に創造的成果を高める。このチームによる共観創造メカニズムは，新事業・製品・サービスの企画，ハードウェア開発，ソフトウェア開発のいずれにおいても，基本的に変わらなかった。

　チームとして多元的視点取得を高めるしくみとしては，言語表現だけでなく，視覚，聴覚，触覚など様々な感覚の経路を通して感受するマルチモダリティと，ナラティブ表現（物語り）を通じて，世界，他者，そして自己を解釈するナラティブ・モードが有効である。マルチモダリティとナラティブ・モードは，個人内，チームメンバー間，チーム外部との3層の相互作用において多元的視点取得を支援する。

　本書では，多様性が創造的成果を生むという単純な関係は見られず，多様性が多元的視点取得につながるように工夫することが必要であることが明らかになった。言い換えれば，創造的成果につながる多様性は，本質的には，チーム構成員の特性の多様性ではなく，チームにおける視点の多様性（多元的視点取得）である。さらに，視点の多様性を実現するためには，チーム外部の接触相手の多様性と，チーム内のコミュニケーションにおける表現方法の多様性（マルチモダリティと論理的な言語使用だけでなくナラティブ・

モードを駆使すること）が有効であった。これが本書の提案する多様性の新たな捉え方である。

＊　＊　＊

チームによる共観創造のプロセス，特に3層の相互作用が実際にどのように起こっているかは少し想像しにくいかもしれない。簡単な架空の例を（ナラティブ・モードと論理科学モードの混合で）語ってみよう。

▌私には覚えがある。あなたにもあるでしょう？

あなたは，生活の中に潜む小さな危険を見つけ出し，新しい製品のアイディアを提案するプロジェクト・チームに所属している。ある日，あなたは，家事をしている人の行動をそれとなく観察していて，ドラム式の洗濯乾燥機から洗濯物を出す人の中腰の姿勢が気になった。あなたは，過去の経験から，このような姿勢を続けていると，腰が痛くなるかもしれないことを内的にイメージしている（図6.1）。

このように，われわれは日常的に，感覚から入ってくる情報を自分自身の記憶の断片と結びつけている。記憶は，自分自身が体験したことでなくてもよい。あなたは腰を痛めた経験はないが，慢性的な腰痛を抱える友人から，中腰の姿勢が腰に悪いとよく聞いていたかもしれない。

また，あなたは，観察した情景をスケッチしてみることができる。頭の中だけで考えるよりも，何か外的に表現する方が，自分自身の持つ様々な記憶との結びつきが進み（図5.1 第1層：個人の内的イメージと表現物の相互作用におけるマルチモダリティの効果），アイディアが発展するかもしれない。

あなたは，チームに戻って，観察したことに自分の洞察を添えて他のチームメンバーに伝えた。日常生活の中に気付かないうちに無理な姿勢をしていることが結構あるのではないか。腰痛を治すような装置が考えられないか。

チームメンバーのAは，あなたの視点を取得して，腰痛の問題を認識する。チームメンバーAはさらに思考を発展させる。そういえば，決して広くない家の中に，マッサージチェアを置く人が少なくない。腰痛を治す椅子ではなくて，そもそも腰痛が起こらないようにする椅子はどうだ。正しい姿勢を保持できれば腰は痛まないと言うではないか（図6.2）。

■図 6.1

あなた

■図 6.2

チームメンバーA　　　　　　　　　　　　　　　　あなた

　チームメンバー A は，姿勢を正す椅子のコンセプトをチームに伝え，ユーザーの体型や症状に合わせて自動的に調整してくれる，姿勢矯正椅子を考案し，スケッチに描いてチームメンバー達に見せる。

　あなたは，A の発言を聞き，スケッチを見て，座った時の姿勢の問題を認識する。しかし，A の提案では椅子が大きく重すぎて，動かしにくい。最初に観察したドラム式洗濯乾燥機の情景を思い出す（観察に後戻りして，

問題の所在を再確認）と，Aの案では，日常の色々なシチュエーションで起きる，無理な姿勢を防ぐことができない。これでは，椅子がないところで思いがけなく腰を痛めることがありそうだ。——そうだ！小さくて軽い台車がいつでもユーザーに付いて回り，ユーザーはいつでも適切な位置と高さで座ることができるようにしたらどうか（図6.3）。

■図6.3

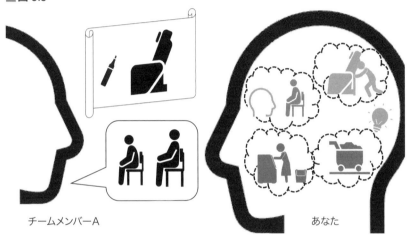

チームメンバーA　　　　　　　　　　　　　　　あなた

　このように，時にはチームメンバーの発した言葉や書いた言葉，時にはスケッチや試作品などの表現物に刺激されて，チームメンバーそれぞれが内的なイメージを思い浮かべる。内的なイメージを他者と直接共有することはできないので，同じ言葉や表現物に対して，人によって違った内的イメージを抱いており，互いに相手の解釈が理解できないことはよくある。しかし，チームメンバー間の密接なやりとりの中で，説明や比喩，関連するエピソードの語り，スケッチの描き足しなどを重ねていくことによって，次第に互いの視点から見えるイメージがある程度理解できるようになってくる。このプロセスをチーム内で無数に重ねていくうちに，チームメンバーの視点や，チームメンバーが理解しているチーム外部の様々な人々の視点がチームに備わっていくことになる。これが多元的視点取得を促すチームメンバー間の相互作用である（図5.1 第2層）。互いに持っている視点を取得して，チーム

126

として多元的視点取得の状態となるのは，思考やコミュニケーションに相当な負荷がかかるが，マルチモダリティやナラティブ・モードは，チームの相互作用を多元的視点取得につなげる有効な手段になる。

＊　＊　＊

さて，このようにチームの中で，様々な視点から問題認識の拡散と収束がなされた結果，チームとして開発する製品は「ユーザーの腰に負担がかからないように一日中寄り添い，腰痛の不安を抱えるユーザーを，何でも出来る気持ちにさせるパートナー」であると言語化がなされた。問題のフレームを定めるアンカーとしての言語使用である。また，チームは，チームメンバー間の相互作用によって発展させたソリューション案を，チーム外の人々に伝わるように，スケッチに描いて表現した。

次に，チームは，ユーザーや社内の人々，関係者にこの言語による問題定義とソリューションのスケッチを発表する会を開催した。ユーザー体験を物語る映像などナラティブ表現によってユーザー体験を伝えたり，スケッチだけでなく，簡易的に作ったプロトタイプで実演したりして，マルチモダリティとナラティブ・モードを強化するとさらに効果的に伝えることができるかもしれない。

チームの発表を見聞きした人は，それぞれ，自分自身の体験や，見聞きした他者の体験を内的イメージとして想起している（図6.4）。ユーザーの立場であるならば，この製品の使用シーン，使用上の問題点，必要な機能など。生産者の立場であるならば，製造上の課題やマーケティングの手法など。企業の上層部の立場からは，全社戦略との整合性や市場の大きさなどである。

多様な社会的背景を持った人の目に触れるほど，その人々の内部に発生しているイメージには，様々な角度から見た問題の所在や解決案の示唆が含まれているはずである。チームメンバーは，視聴者の言葉や表情などの身体的反応によって，多元的視点取得をすることができる。これが，多元的視点取得を促す外部のステークホルダーとの相互作用（図5.1 第3層）である。

発表会では，チームの外部からさまざまなものの見方を得ることができたが，大人数の会なのでその場でじっくりやりとりすることができない。そこで，チームメンバーは，発表会から戻ると改めて集まって，発表会に集まっ

■図6.4

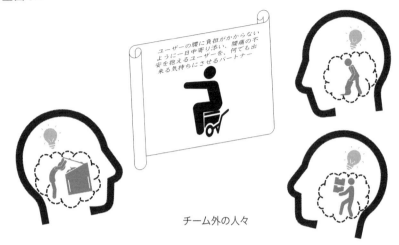

ユーザーの腰に負担がかからないように一日中寄り添い、腰痛の不安を抱えるユーザーを、何でも出来る気持ちにさせるパートナー

チーム外の人々

た人々の反応について話し合った。

　あるメンバーが，この製品は，工場の現場などの産業用の方が市場が大きそうだという上層部の意見は傾聴すべきだと言う。それを聞いて，あなたは，人は日常生活の中で気付かないうちに無理な姿勢をしているという最初の問題意識を思い出す。発表会でも，この製品があったら着替える時とか，ゴミ収容庫の蓋を開ける時とかにちょっと座れて便利というという声があった。あなたは発言する。産業用ならば用途が限定されるのでシンプルな構造にしやすいが，逆に既存製品に差別化できないのではないか。個人の生活に密着している製品の方が，複雑だが他社にはないものができるのではないか。それを聞いた他のメンバーが・・というように話し合いは続いていく。

　第3層のチーム外部の人々は，多元的な視点をもたらしてくれるので重要であるが，通常はチームの内部のようにとことん相互作用することができない。第2層のチームという単位での緊密な相互作用（図6.2，6.3）が多元的視点を深め，定着させ，そこからアイディアを発展させる共観創造の基盤になるのである。

エピローグ

▌いろいろな他者の視点は自分の中に蓄積されていく

　自分の視点と他者の視点は別物だと考えられがちですが，人間は発達の過程で，周囲にいる他者の立場になってみて世界を理解していきます。自己は，他者の視点を取り入れることで形成されていくと考えられています（溝上，2008）。初めは親や家族の視点取得から始まって，次第に学校，社会へと視点取得の範囲が広がっていきます。つまり，自分の視点だと思っているものの中には，過去の環境の中で取得された無数の他者の視点が蓄積されているのです。人が大人になり，社会的な存在になるというのは，視点取得の多元化が進むということです。

　大人になっても，新たな視点取得の必要性がなくなるわけではありません。現代の環境では，古代の村社会では絶対出会わなかった人々に出会い続け，ネットでコミュニケーションし，時には一緒に仕事をしたり，お客さんとして対応したりしなければなりません。視点取得の多元化は，個人にとっても，もはや一生の課題になっています。

　第5章では，他者が自分の表現（言葉でも絵でも映像でも試作品でも何でもよいです）をどのように感じるのかを知ることで，表現者は自分の表現に対する他者の反応から視点取得すると同時に，その視点で自分自身の経験を見つめ直すという現象が出てきました。一方，表現を見聞きした側も，表現の中に表現者の視点を見つけ出し，その視点で自分自身の経験を見ます。これが他者の視点が自己の中に蓄積されていくプロセスです。

　人間は生まれた時から膨大な数の他者の視点取得を続けているわけですから，潜在的には誰にでも多元的視点取得する能力は備わっているはずです。もちろん，日常の中であまり使わない視点は眠ってしまいがちで，新しい製品やサービスを生み出すような時には，ユーザーや外部の人と接触することが大事です。しかし，他者の視点というものは，自分の経験の中に何かの共

通性が見出されて初めて，真に取り入れることができるのだと私は考えます。貴重なユーザーの視点も，テレパシーのようにそのまま移植することはできないのです。

　ユーザーと自分自身の属性がかなり異なる場合には，ユーザーとの共通性を見つけられないのではないかと思うかもしれません。ユーザーと自分自身が似ていると視点取得するのが容易であるのは確かですが，私はあまり心配する必要はないと思います。自分ではなかなか気付かないですが，他者を見て，自分の経験の中に何かの共通性を感じることに関しては，人間は元来大変優れた能力を持っているはずです。だから，芸術や物語りが成立するのです。映画や小説で，登場人物や状況は自分と全然違うのだけど，何かすごく身に染みるってこと，ありませんか。

　個人として多元的視点取得の能力を眠らせておかない方法としては，日頃から職場と家庭以外の複数のコミュニティに参加して，多様な人とのつながりを持ち，自分の中で眠っている多元的視点取得の能力を目覚めさせることが有効だと思います。趣味のサークルでも，地域の活動でも，勉強会でも何でも良いのです。外部のネットワークは仕事に直接役立つこともありますが，それよりも日頃から個人として多元的視点取得が当たり前になっていれば，いざ仕事のチームで創造的成果が求められる状況になった時に，チームの共観創造に貢献しやすくなります。また，多元的視点取得の力は，創造的成果を求める場合だけでなく，今までの視点では解決できないような問題を乗り越えなければならないような時にきっと役立ちます。

▎共観と感情

　私は，企業の創造的行為に関しては，情動的共感と共観（認知的共感）を分けて考えた方がよいのではないかと提案しました。その理由は，情動的共感が強すぎて自分の感情に流されると，他者の状態を正確に把握できない恐れがあるからですが，反対に言うと，視点取得が多元化するほど，誰の感情に同調したらよいかわからなくなり，特定の他者に強い情動的共感を持つことが難しくなるのではないでしょうか。仮説でしかありませんが，多元的視点取得が進むと，情動的共感より，共観の比重が増えていくと考えられま

す。

　とはいえ，共観は情動的共感と大抵同時に起こるものであり，情動的共感が良くないと主張しているわけではありません。他者の感情を推測することは大変重要であり，自分の感情を動かすことによって相手の状態の理解をするという側面もあるのです。情動的共感と程よく付き合う方法については研究不足なのですが，そのヒントは，5.1 に出てきた感情面のアンカーにあると思っています。ユーザーの感情を言語表現してチーム内で共有することによって，チームメンバーの間でユーザーがどう感じ，自分自身がどう感じるのかについての表現が豊かになりました。デザイン思考の問題定義で，ユーザーが本当にやりたいことだけでなく，その時のユーザーの感情も言語表現するのは，情動的共感を多元的視点取得にプラスに働かせるための工夫なのかもしれません。

　自分の感情を同調させる情動的共感とは異なり，共観は，どちらかというと役者が色々な役を演じるのに近いと思います。色々な他者の視点に立つということは，相手を思いやることや，空気を読むこととは違います。多元的視点取得がなされていると１つの立場に視点が固定されないため，むしろ，特定の人に気遣いしたり，場の空気に従ったりすることが減るかもしれません。身軽にいろいろな立場になってみて想像し，その時何が見えるか，何を感じるかの感覚を研ぎ澄ますことが重要なのではないでしょうか。

▌改めて，チームの意味

　私は，多元的視点取得の潜在能力は，個人個人に備わっていると先に述べました。また，第２章や第３章では，チームメンバーの多様性が直接創造的成果につながらないことを見ました。だからといって，チームが重要ではないわけではありません。いえ，小規模集団で緊密な相互作用ができるチームは，特別な才能を持っていない人々が創造的成果を出すのに必要です。

　共観創造においてチームであることの意味は，メンバーが辛抱強く，互いの視点から理解しようと努力を重ねることができるということです。ユーザーや外部の人は，チームの視点取得の材料となる情報は豊富にもたらしてくれますが，チームメンバー側の視点を理解するための努力を注がないこと

が多いです。相互作用が対等ではないのです。また，一部の特別な才能を持った人は別かもしれませんが，多元的視点取得の状態を個人として維持するのは大変です。個人の能力の限界を超えるには，チームの緊密な相互作用を通して多元的視点取得をすることが有効です。

　第5章に出てきたように，多元的視点取得につながるチームの緊密な相互作用では，1) 自分の表現（例えば，言葉）を他者がどのように感じるのかを知ることで，表現者は相手の視点取得をすると同時に，その視点で自分自身の内的世界を見つめ直す，2) 表現を見聞きした人は，表現の中に表現者の視点を見つけ出し，その視点で自分自身の内的世界を見る，という二重の自己と他者のオーバーラップがさまざまな組み合わせで頻繁に行われています。これは1人で行うのは難しく，関係の薄い相手や大人数で行うのもまた，難しいです。

　チームメンバーの視点を取得するだけで不十分なのではないかという疑問がある方は，他者の視点は自己の中に蓄積されていることを思い出して下さい。自分一人の中にたくさんの他者がいるならば，チームメンバーの中にはもっとたくさんの他者がおり，さらに，チームメンバーそれぞれが新たに接触した人の視点も取り入れることができます。しかも，チームの中の緊密なやりとりによって，互いに自分の経験の中にある共通性を浮き彫りすることができ，多元的視点取得を強固なものにしていくことができます。

　もちろん，チームで取り組んだからといって，自動的に共観創造できるわけではありません。多元的視点取得ができるように，マルチモダリティやナラティブ・モードを使い，後戻りのあるプロセスを厭わないなどの工夫が必要です。また，チームメンバーが相互信頼し，理解の齟齬やコンフリクトを恐れない心理的安全性の高いチームにする必要があると考えられます。

　リーダーシップのあり方も違うかもしれません。やることが基本的に決まっていて効率を求める場合は，1人のリーダーが自分の視点でチームを引っ張る方がやりやすいはずです。リーダーにはそれなりの資質は必要ですが，希有な創造性が必要なわけではありません。一方，チームとして共観創造しようとする時には，1人のリーダーが強力に特定の視点や解釈を主張すれば，チームの多元的視点取得を妨げる可能性があります。リーダーは，自

分の強い視点を示すのではなく，チームメンバーそれぞれの視点を引き出し，メンバー相互の理解を深める役割を果たすことが求められます。かといって，チームメンバーの多様な意見の調整をするだけのリーダーもまた，良くないもしれません。たった1つの少数意見が素晴らしい可能性を秘めている可能性もあります。チームによる共観創造を目指すリーダーには，メンバー相互の理解を深める一方で，思考の均質化を避けるという難しいマネジメントが求められます。

　チームメンバーの役割分担のあり方も効率重視のチームとは異なる可能性があります。業務を分割し，役割分担しすぎると，緊密に相互作用して互いの視点を理解するという，チームの良さを生かすことができません。また，専門的なスキルや知識の有用性は変わりませんが，創造的成果を求める時は，苦手なことにあえて取り組むことの意味もあるかもしれません。デザイン思考では，デザイナー以外の職能を持った人も絵を描いたり，慣れない寸劇をしたり，いつもと違うことをあえてやってみることが推奨されます。自分の慣れ親しんだ表現方法に頼らず，マルチモダリティを高めて発想を広げるためです。

▍トップもチームに

　本書では，主に企業で新しいモノやコトを生み出す実行部隊としてのチームに焦点を当てましたが，企業全体の意思決定をするもっと上の方の階層も，チームとして企業全体の戦略や組織のあり方を共観創造していくことは考えられないでしょうか。経営戦略や組織全体を考える時は，個々の製品やサービスや事業を考える時以上に，多元的視点取得が必要なことは間違いありません。経営陣や，もう少し下の各部門の責任者のレベルがチームとして緊密な相互作用をしながら多元的視点取得するようになれば，競争力があり，新しい市場を切り拓き，社員や多方面のステークホルダー，社会にとっての適切性を配慮できる企業になるのではないでしょうか。

　ただし，組織の上層部チームは，下の階層の現場のチームとの付き合い方に気をつけなくてはなりません。ただでさえ，組織に所属する人間は，自分の人事評価や所属部署への資源配分に直結するので，上の階層が何を考えて

いるかを熱心に知ろうとします。上の顔色を現場のチームが窺って，ただ上層部チームの出した結論や考え方に同調するようになっては，創造的な組織にはなり得ません。企業の規模や業種にもよるのですが，基本的に上層部チームの役割は，大きな戦略は創造してもその実行方法は現場のチームに任せて，現場のチームが共観創造しやすいような環境整備に尽力するのが望ましいと思います。

▌「0 から 1」は難しい？

　本書の初めに「0 から 1」の難しさについて述べましたが，個人の突出した才能に頼るのではなく，チームとして共観創造することの可能性について，ここまで論じて来ました。最後に，「0 から 1」が難しいのは，本当は 0 から 1 ではないからではないか，ということを述べておきたいと思います。

　企業の多くは，1 ではなく，実際には 1 よりももっと遥かに多い数を，例えば 1 億（数字に意味はありませんが，iPhone は発売後 5 年で年間販売台数 1 億台を突破したことから）を目指してしまっているのではないでしょうか。Apple 自体が数々の失敗をして来ているわけですし，iPhone がここまで成功して新しい世界を創り出すとは，誰も事前には想像できませんでした。「0 から 1」と言う時，無意識にかもしれませんが，iPhone 並の大きな成果を最初から狙ってしまっていて，我が社では「0 から 1」が実現されない，とぼやいているのではないかと思います。

　あるいは，0 の方が間違っているのかもしれません。創造的な成果は，まったくの無から生まれるわけではありません。第 1 章で見たとおり，各分野で天才と呼ばれる人々も，自分の頭の中で 0 から創造しているわけではなく，社会文化的文脈との相互作用から生み出しています（Csikszentmihalyi, 1996）。その時代，その場所に，すでに宝石の原石のような素材は揃っているのです。原石は，蓄積された知識や技術であったり，文化であったり，人々のつながりであったりします。ただ，誰も原石の価値に，あるいは原石の研磨の仕方に気付かなかっただけです。

　私は，1 を多元的な視点から見て，別の 1 に生まれ変わらせる，「1 から 1」を目指すことを提案したいと思います。共観創造で生み出された 1 は，同じ

1 であっても以前の 1 よりは，世の中を良い方向に変える何かしらの貢献を
するはずです。また，「1 から 1」に積み重ねていくうちに，中には 100 万位
の成果を出すものもそれなりに生まれ，1 億やそれ以上になるものも出現す
るはずだと信じています。

参考文献

Abrams, D., & Hogg, M. A. (Eds.). (1999). *Social identity and social cognition*. Blackwell.

Allen, T. J. (1977). *Managing the flow of technology: Technology transfer and the dissemination of technological information within the R&D organization*. MIT Press.

Amabile, T.M. (1996). *Creativity in context: Update to the social psychology of creativity*. Westview Press.

Amabile, T.M. (1997). Motivating creativity in organizations: On doing what you love and loving what you do. *California Management Review, 40*(1), 39-58.

Ancona, D. G., & Caldwell, D. F. (1992). Demography and design: Predictors of new product team performance. *Organization Science, 3*(3), 321-341.

安藤昌也. (2016). 『UX デザインの教科書』丸善出版.

Ashforth, B. E., & Mael, F. (1989). Social identity theory and the organization. *Academy of Management Review, 14*(1), 20-39.

Barron, F., & Harrington, D.M. (1981). Creativity, intelligence, and personality. *Annual Review of Psychology, 32*, 439-476.

Bechky, B.A. (2003). Sharing meaning across occupational communities: The transformation of understanding on a production floor. *Organization Science, 14*(3), 312-330.

Birch, S. A.J., & Bloom, P. (2007). The curse of knowledge in reasoning about false beliefs: Research report. *Psychological Science, 18*(5), 382-386.

Boland, R.J., & Tenkasi, R.V. (1995). Perspective making and perspective taking in communities of knowing. *Organization Science, 6*(4), 350-372.

Brown, T. (2009). *Change by design*. Harvard University Press.

Brown, S.L., & Eisenhardt, K.M. (1995). Product development: Past research, present findings, and future directions. *Academy of Management Review, 20*(2), 343-378.

Bruner, J. S. (1996). *The culture of education*. Harvard University Press.

Bruner, J. S. (2003). *Making stories: Law, literature, life*. Harvard University Press.

Calvard, T. (2010). Understanding perspective taking and its role in relation to teamworking and diversity. *Thesis of University of Sheffield*.

Carpenter, M., Nagell, K., Tomasello, M., Butterworth, G., & Moore, C. (1998). Social cognition, joint attention, and communicative competence from 9 to 15 months of age. *Monographs of the Society for Research in Child Development, Serial No. 255, 63*(4), i-174.

Chesbrough, H. W. (2003). *Open innovation: The new imperative for creating and profiting from technology.* Harvard Business Press.

Christensen, C. M. (1997). *The innovator's dilemma: when new technologies cause great firms to fail.* Harvard Business Review Press.

Clark, K. B., & Fujimoto, T. (1991). *Product development performance: Strategy, organization, and management in the world auto industry.* Harvard Business School Press.

Costa, P. T., & McCrae, R. R. (1988). From catalog to classification: Murray's needs and the five-factor model. *Journal of Personality and Social Psychology, 55*(2), 258-265.

Cox, T. H., & Blake, S. (1991). Managing cultural diversity: Implications for organizational competitiveness. *Academy of Management Perspectives, 5*(3), 45-56.

Csikszentmihalyi, M. (1988). Society, culture, and person: a systems view of creativity. In Sternberg R. J. (Ed.), *The nature of creativity.* Cambridge University Press, 325-339.

Csikszentmihalyi, M. (1996). *Creativity: The work and lives of 91 eminent people.* HarperCollins.

Damasio, A. (2003). *Looking for Spinoza.* Harcourt.

Davis, M. H. (1983). Measuring individual differences in empathy: Evidence for a multidimensional approach. *Journal of Personality and Social Psychology, 44*(1), pp. 113-126.

Denning, S. (2007). *The secret language of leadership: How leaders inspire action through narrative.* John Wiley & Sons.

Diehl, M., & Stroebe, W. (1987). Productivity loss in brainstorming groups: Toward the solution of a riddle. *Journal of Personality and Social Psychology, 53*(3), 497-509.

Dougherty, D. (1992). Interpretive barriers to successful product innovation in large firms. *Organization Science, 3*(2), 179-202.

Droge, C., Jayaram, J., & Vickery, S. K. (2004). The effects of internal versus external integration practices on time-based performance and overall firm performance. *Journal of Operations Management, 22*(6), 557-573.

Fantz, R. L. (1963). Pattern vision in newborn infants. *Science, 140*(3564), 296-297.

Finke, R.A., Ward, T.B., & Smith, S.M. (1992). *Creative cognition.* MIT Press.

Galinsky, A.D., Ku, G., & Wang, C.S. (2005). Perspective-taking and self-other overlap: Fostering social bonds and facilitating social coordination. *Group Processes and Intergroup Relations, 8*(2), 109-124.

Gick, M. L., & Holyoak, K. J. (1980). Analogical problem solving. *Cognitive Psychology, 12*(3), 306-355.

Grant, A. M., & Berry, J. W. (2011). The necessity of others is the mother of invention: Intrinsic and prosocial motivations, perspective taking, and creativity. *Academy of Management Journal, 54*(1), 73-96.

Hartley, J., & McWilliam, K. (Eds.). (2009). *Story circle: Digital Storytelling around the world*. Wiley-Blackwell.

Hattori, Y., Leimgruber, K., Fujita, K., & De Waal, F. B. M. (2012). Food-related tolerance in capuchin monkeys (cebus apella) varies with knowledge of the partner's previous food-consumption. *Behaviour, 149*(2), 171-185.

林勇吾・三輪和久・森田純哉. (2007). 異なる視点に基づく協同問題解決に関する実験的検討. 『認知科学』 *14*(4), 604-619.

Hawlina, H., Gillespie, A., & Zittoun, T. (2017). Difficult differences: A socio-cultural analysis of how diversity can enable and inhibit creativity. *Journal of Creative Behavior, 53*(2), 133-144.

Henderson, R., & Cockburn, I. (1994). Measuring competence? Exploring firm effects in pharmaceutical research. *Strategic Management Journal, 15*, 63-84.

Hoever, I.J., van Knippenberg, D., van Ginkel, W.P., & Barkema, H.G. (2012). Fostering team creativity: Perspective taking as key to unlocking diversity's potential. *Journal of Applied Psychology, 97*(5), 982-996.

Horwitz, S.K., & Horwitz, I.B. (2007). The effects of team diversity on team outcomes: A meta-analytic review of team demography. *Journal of Management, 33*(6), 987-1015.

Hülsheger, U. R., Anderson, N., & Salgado, J. F. (2009). Team-level predictors of innovation at work: A comprehensive meta-analysis spanning three decades of research. *Journal of Applied Psychology, 94*(5), 1128-1145.

Iansiti, M. (1995). Technology integration: Managing technological evolution in a complex environment. *Research Policy, 24*(4), 521-542.

Imai, K., Nonaka, I., & Takeuchi, H. (1985). Managing the new product development process: How Japanese companies lean and unlearn. In Clark, K. B., Hayes, R.H. & Lorenz, C. (Eds.) *The uneasy alliance*. Harvard Business School Press, 337-381.

Jansson, D. G., & Smith, S. M. (1991). Design fixation. *Design Studies, 12*(1), 3-11.

Joshi, A., & Knight, A.P. (2015). Who defers to whom and why? Dual pathways linking demographic differences and dyadic difference to team effectiveness. *Academy of Management Journal, 58*(1), 59-84.

Joshi, A., & Roh, H. (2009). The role of context in work team diversity research: A meta-analytic review. *Academy of Management Journal, 52* (3), 599-627.

Keller, R.T. (2001). Cross-functional project groups in research and new product development: Diversity, communications, job stress, and outcomes. *Academy of Management Journal, 44*(3), 547-555.

Kelly, D. & Kelly, T.（2013）. *Creative confidence*. William Collins.

Kelly, T., & Littman, J.（2001）. *The art of innovation: Lessons in creativity from IDEO, America's leading design firm*. Harper Collins.

King, L. A., McKee Walker, L., & Broyles, S. J.（1996）. Creativity and the five-factor model. *Journal of Research in Personality, 30*, 189–203.

Kirton, M.（1976）. Adaptors and innovators: A description and measure. *Journal of Applied Psychology, 61*(5), 622–629.

清河幸子・伊澤太郎・植田一博.（2007）. 洞察問題解決に思考と他者観察の交替が及ぼす影響の検討.『教育心理学研究』*55*, 255–265.

Kochan, T., Bezrukova, K., Ely, R., Jackson, S., Joshi, A., Jehn, K., Leonard, J., Levine, D., & Thomas, D.（2003）. The effects of diversity on business performance: Report of the diversity research network. *Human Resource Management, 42*(1), 3–21.

小寺礼香・清河幸子・足利純・植田一博.（2011）. 協同問題解決における観察の効果とその意味：観察対象の動作主体に対する認識が洞察問題解決に及ぼす影響.『認知科学』*18*(1), 114–126.

Kolb, D. A.（1984）. *Experiential learning: Experience as the source of learning and development*. Prentice-Hall.

Krauss, R. M., & Fussell, S. R.（1991）. Perspective-taking in communication: Representations of others' knowledge in reference. *Social Cognition, 9*(1), 2–24.

Kress, G.（2009）. *Multimodality: A social semiotic approach to contemporary communication*. Routledge.

黒須正明.（2013）.『人間中心設計の基礎』近代科学社.

楠木建.（2010）.『ストーリーとしての競争戦略: 優れた戦略の条件』東洋経済新報社.

Lambert, J.（2013）. *Digital storytelling: Capturing lives, creating community 4th edition*. Routledge.

Lin, S., Keysar, B., & Epley, N.（2010）. Reflexively mindblind: Using theory of mind to interpret behavior requires effortful attention. *Journal of Experimental Social Psychology, 46*(3), 551–556.

Liszkowski, U., Carpenter, M., Henning, A., Striano, T., & Tomasello, M.（2004）. Twelve‐month‐olds point to share attention and interest. *Developmental Science, 7*(3), 297–307.

Luecke, R.（2003）. *Harvard business essentials: Managing creativity and innovation*. Harvard Business School Publishing.

Malpass, M.（2019）. *Critical design in context: History, theory, and practice*. Bloomsbury Publishing.

McCain, B. E., O'Reilly, C. A., & Pfeffer, J.（1983）. The effects of departmental demography on turnover: The case of a university. *Academy of Management*

Journal, 26(4), 626-641.

McCrae, R. R. (1987). Creativity, divergent thinking, and openness to experience. *Journal of Personality and Social Psychology, 52*(6), 1258-1265.

Messick, D. M., & Mackie, D. M. (1989). Intergroup relations. *Annual Review of Psychology, 40*, 45-81.

溝上慎一. (2008). 『自己形成の心理学——他者の森をかけ抜けて自己になる』世界思想社.

Miwa, K. (2004). Collaborative discovery in a simple reasoning task. *Cognitive Systems Research, 5*(1), 41-62.

Miyake, N. (1986). Constructive interaction and the iterative process of understanding. *Cognitive Science, 10*(2), 151-177.

Mullen, B., Johnson, C., & Salas, E. (1991). Productivity loss in brainstorming groups: A meta-analytic integration. *Basic and Applied Social Psychology, 12*(1), 3-23.

Mumford, M. D., & Gustafson, S. B. (1988). Creativity syndrome: Integration, application, and innovation. *Psychological Bulletin, 103*(1), 27-43.

Murray, M. (2015). Narrative psychology. In Smith, J. A. (Eds.) *Qualitative psychology 3rd edition*, SAGE, 85-106.

西岡裕美. (2014). 『教育に生かすデジタルストーリーテリング』東京図書出版.

Okada, T., & Simon, H. A. (1997). Collaborative discovery in a scientific domain. *Cognitive Science, 21*(2), 109-146.

大谷尚. (2007). 4 ステップコーディングによる質的データ分析手法 SCAT の提案 – 着手しやすく小規模データにも適用可能な理論化の手続き. 『名古屋大学大学院教育発達科学研究科紀要（教育科学）』*54*(2), 27-44.

大藪泰. (2018). 社会的相互作用とは：共同表象を生み出す基盤. In 日本発達心理学会（編）『社会認知の発達科学』新曜社, 220-237.

Osterhaus, C., Koerber, S., & Sodian, B. (2016). Scaling of advanced theory-of-mind tasks. *Child Development, 87*(6), 1971-1991.

Parker, S. K., & Axtell, C. M. (2001). Seeing another viewpoint: Antecedents and outcomes of employee perspective taking. *Academy of Management Journal, 44*(6), 1085-1100.

Patrick, A. S. (1986). The role of ability in creative "incubation." *Personality and Individual Differences, 7*(2), 169-174.

Pfeffer, J. (1985). Organizational demography: Implications for management. *California Management Review, 28*(1), 67-81.

Podsakoff, P. M., MacKenzie, S. B., Lee, J. Y., & Podsakoff, N. P. (2003). Common method biases in behavioral research: A critical review of the literature and recommended remedies. *Journal of Applied Psychology, 88*(5), 879-903.

Premack, D., & Woodruff, G. (1978). Does the chimpanzee have a theory of mind? *Behavioral and Brain Sciences, 4*(1978), 515-526.

Robin, B. R. (2008). Digital storytelling: A powerful technology tool for the 21st century classroom. *Theory into Practice, 47*(3), 220-228.

Robbins, S. P., & Judge, T. A. (2017). *Organizational behavior*. Pearson.

Runco, M.A., & Jaeger, G. J. (2012). The standard definition of creativity. *Creativity Research Journal, 24*(1), 92-96.

Ryan, R.M., & Deci, E.L. (2000). Self-determination theory and the facilitation of intrinsic motivation, social development, and well-being. *American Psychologist, 55*(1), 68-78.

Reynolds, J. L. (2006). Measuring intrinsic motivations. In Reynolds, R.A., Woods, R. & Baker, J.D. (Eds.). *Handbook of research on electronic surveys and measurements*, IDEA Group, 170-173.

Sawyer, R.K. (2012). *Explaining creativity: The science of human innovation*. Oxford University Press.

Sawyer, R. K., & DeZutter, S. (2009). Distributed creativity: How collective creations emerge from collaboration. *Psychology of Aesthetics, Creativity, and the Arts, 3*(2), 81-92.

Schön, D. A. (1983). *The reflective practitioner: How professionals think in action*. Basic books.

Schuler, D., & Namioka, A. (Eds.). (1993). *Participatory design: Principles and practices*. Taylor & Francis.

Scott, G., Leritz, L. E., & Mumford, M. D. (2004). The effectiveness of creativity training: A quantitative review. *Creativity Research Journal, 16*(4), 361-388.

清水裕士. (2016). フリーの統計分析ソフト HAD：機能の紹介と統計学習・教育, 研究実践における利用方法の提案. 『メディア・情報・コミュニケーション研究』 *1*, 59-73.

Shirouzu, H., Miyake, N., & Masukawa, H. (2002). Cognitively active externalization for situated reflection. *Cognitive Science, 26*(4), 469-501.

Shostack, L. (1984). Designing services that deliver. *Harvard business review, 62*(1), 133-139.

Simon, H. A. (1969). *The sciences of the artificial*. MIT Press.

Smith, S. M., Ward, T. B., & Schumacher, J. S. (1993). Constraining effects of examples in a creative generation task. *Memory & Cognition, 21*(6), 837-845.

Sperber, D. (1996) *Explaining culture: A naturalistic approach*. Blackwell.

Sternberg, R. J. (2006). The nature of creativity. *Creativity Research Journal, 18*(1), 87-98.

須永剛司. (1991). デザイナーのイメージ. In 箱田裕司（編）『イメージング：表象・創造・技能』サイエンス社, 12-39.

須永剛司. (2019). 『デザインの知恵：情報デザインから社会のかたちづくりへ』フィルムアート社.

Tajfel, H. E.（1978）. *Differentiation between social groups: Studies in the social psychology of intergroup relations*. Academic Press.

竹田陽子.（2015）. 事業企画のためのデジタルストーリーテリング.『2015 年日本認知科学会第 32 回大会予稿集』79-88.

竹田陽子.（2018）. イノベーション創出のワークショップにおけるマルチモダリティと多様性の影響. *Transactions of the Academic for Organizational Science, 7*（2）, 440-446.

Takeda, Y.（2019）. Taking perspective in digital storytelling on business planning. In Ogata T. and Akimoto T,（Eds.）*Post-narratology through computational and cognitive approaches*. IGI International, 352-374.

竹田陽子.（2020）. 創造的な行為における他者の視点. *Transactions of the Academic for Organizational Science, 9*（1）, 69-75.

竹田陽子.（2022a）. 多元的視点取得が創造的成果に与える影響.『組織科学』*56*（1）, 60-72.

竹田陽子.（2022b）. ビジネス, ハードウェア, ソフトウェアにおける創造プロセスの比較研究. *Transactions of the Academic for Organizational Science, 11*（1）, 137-142.

竹田陽子・妹尾大.（2018）. デザイン思考の手法特性が発想プロセスに与える影響に関する一考察: アンカーとしての言語表現の役割,『経営情報学会誌』*27*（1）, 45-50.

竹田陽子・妹尾大.（2021）. 創造プロセスにおけるアイディアの即興的な発展と体験想起.『研究・イノベーション学会第 36 回年次学術大会講演要旨集』104-107.

谷口真美.（2005）.『ダイバシティ・マネジメント：多様性を生かす組織』白桃書房.

東京工業大学エンジニアリングデザインプロジェクト・齊藤滋規・坂本啓・竹田陽子・角征典・大内孝子.（2017）.『エンジニアのためのデザイン思考入門』翔泳社.

Tomasello, M.（1999）. *The cultural origins of human cognition*. Harvard University Press.

Tsui, A. S., & O'Reilly, C.A.（1989）. Beyond simple demographic effects: The importance of relational demography in superior-subordinate dyads. *Academy of Management Journal, 32*（2）, 402-423.

Tushman, M. L., & Katz, R.（1980）. External communication and project performance: An investigation into the role of gatekeepers. *Management Science, 26*（11）, 1071-1085.

宇田川元一.（2019）.『他者と働く：「わかりあえなさ」から始める組織論』NewsPicks.

植田一博・丹羽清.（1996）. 研究・開発現場における協調活動の分析：三人寄れば文殊の知恵は本当か.『認知科学』*3*（4）, 102-118.

梅田聡・板倉昭二・平田聡・遠藤由美・千住淳・加藤元一郎・中村真（編）．（2014）．『共感』岩波書店．

von Hippel, E. (1986). Lead users: A source of novel product concepts. *Management Science 32*(7), 791-805.

Warneken, F., Hare, B., Melis, A. P., Hanus, D., & Tomasello, M. (2007). Spontaneous altruism by chimpanzees and young children. *PLoS Biology, 5*(7), 1414-1420.

渡邊淳司．（2014）．『情報を生み出す触覚の知性』化学同人．

Weick, K. E. (1998). Improvisation as a mindset for organizational analysis. *Organization Science, 9*(5), 543-555.

Wellman, H. M., Cross, D., & Watson, J. (2001). Meta-analysis of theory-of-mind development: The truth about false belief. *Child Development, 72*(3), 655-684.

Williams, K.Y., & O'Reilly, C.A. (1998). Demography and diversity in organizations: A review of 40 years of research. In Staws, B. (Ed.), *Research in organizational behavior 20*. Elsevier, 77-140.

Wimmer, H., & Perner, J. (1983). Beliefs about beliefs: Representation and constraining function of wrong beliefs in young children's understanding of deception. *Cognition, 13*(1), 103-128.

Womack, J.P., Jones, D. T., Roos, D., & Carpenter, D.S. (1990). *The machine that changed the world*, Rawson Associates.

Woodman, R.W., Sawyer J.E. and Griffin, R.W. (1993). Toward a theory of organizational creativity, *Academy of Management, 18*(2), 293-321.

Wuchty, S., Jones, B.F., & Uzzi, B. (2007). The increasing dominance of teams in production of knowledge. *Science, 316*, 1036-1039.

索　引

＜著者略歴＞

竹田　陽子（たけだ　ようこ）

1988	京都大学文学部（心理学専攻）卒業
1988-1993	株式会社ジャパン・マーケット・リサーチ・ビューロー調査企画部勤務
1993-1995	慶應義塾大学大学院経営管理研究科　修士課程
1995-1998	慶應義塾大学大学院経営管理研究科　博士課程
1999	博士（経営学）
1998-2001	国際大学グローバル・コミュニケーション・センター主任研究員・専任講師（2000年から助教授）
2001-2005	横浜国立大学大学院環境情報研究院　助教授
2006-2017	横浜国立大学大学院環境情報研究院　教授
2015-現在	東京工業大学大学院　特任教授
2017-2023	東京都立大学（旧首都大学東京）大学院経営学研究科　教授
2023-現在	中央大学大学院戦略経営研究科　教授

主要著書

竹田陽子（2022）「多元的視点取得が創造的成果に与える影響」組織科学, Vol.56, No.1, pp.60-72.

Takeda, Yoko（2019）'Taking Perspective in Digital Storytelling on Business Planning' in Ogata T. and Akimoto T., (eds.), "Post-Narratology Through Computational and Cognitive Approaches" IGI International, pp.352-374.

竹田陽子（2000）『プロダクト・リアライゼーション戦略 － 3次元情報技術が製品開発組織に与える影響』白桃書房.

■ 共観創造
—多元的視点取得が組織にもたらすダイナミズム

■ 発行日—— 2023 年 4 月 26 日　　初 版 発 行　　　〈検印省略〉

■ 著　者——竹田　陽子

■ 発行者——大矢栄一郎

■ 発行所——株式会社 白桃書房
　　　　　　〒101-0021　東京都千代田区外神田 5-1-15
　　　　　　☎ 03-3836-4781　FAX 03-3836-9370　振替 00100-4-20192
　　　　　　https://www.hakutou.co.jp/

■ 印刷・製本——三和印刷株式会社

好 評 書